中公文庫

酒 味 酒 菜

草 野 心 平

中央公論新社

酒味酒菜■目次

花びらの味　11

酒菜のうた　63

わが酒　115

山菜談義　197

酒《しゅ》味《み》酒《しゅ》菜《さい》

挿画　牧野伊三夫

挿画レイアウト　中林麻衣子

花びらの味

贋紫式部

カミソリの刃で岩魚《いわな》の腹をさき、臓物をとりだしてまたそれに刃をあてると、胃袋からいろんなものがでてくる。川虫とかとんぼの眼玉とか、食べて間もない緑色のイモムシとか。それらをきれいに洗って、竹の小グシにさし……私はイキのいい塩焼よりはこの小グシの方が好きだ。鰻の蒲焼きよりはキモの方がいいとは言わないが、岩魚の場合はどうも臓物の方に、私はかたむいてしまう。

しょっぱなから食う方に走ってしまって恐縮だが、岩魚のことを回想していたら、そのイメエジが最初にでてきたのだからいたし方ない。

岩魚なるものをはじめて見たのは小学二三年生のときだった。阿武隈《あぶくま》山脈南方の私の家の池には、飼っている鯉のほかに、山女魚やウグイや鰻やギギョなどが流れものとして入って鯉といっしょに暮していた。その山女魚の部落から四里、山深くはいったところに戸渡《とわた》という盆地があり、オジ家族が住んでいた。たった六軒の小部落でオジは炭や椎茸や馬などをやっていた。オジは炭俵を積んだ馬をひいて四里の山道を降りてきて私の家の炭置場におくと、こんな度は醤油とか酒のオケとか雑貨類を馬に背負わして、また四里の山道を帰ってゆく。そんな或る日私はオジにつれられて戸渡に行った。

オジの家の前をサファイヤ色の川が流れていて、その洗い場でオバが米をとぐのを見ていると、ナイフのように素早い魚が上下していた。それが岩魚だった。

オジの家の裏手にイタコヤという小さな谷川があるが、私は親戚の要助さんにつれられてそこへ行った。岩魚をとるためだったが、私はその方法にびっくりした。

ノコギリで、先ずいい加減の木を倒す。倒れた木は谷川の上にまたがる。それを川幅に合わせてきり、水面すれすれになるぐらいの横木にする。そしてこんな度は鉈で枝をはらい、葉のついた枝々をたてにつきさして並べる。水は洩れるが一応はダムの役割をする。水のすくなくなった谷川の岩魚は岩の下にかくれたり、きらっと跳びあがったり、それを手づかみにする。初めはどうもとれなかったが、それでも二三匹はとった。それはどうもたしかである。というのは、岩魚のヒイヤリした肌ざわりを私のてのひらはまだ記憶しているからだ。

木の枝のダムは間もなく崩れる。もっと下流へいって、上の方が崩れる前に第二のダムをつくる。といった順序で岩魚の手づかみがつづく。こんな岩魚のとり方はその時がたった一度きりだった。けれどもその時の肌ざわりの快感から、またその紫式部のような色やかたちの美しさから、魚へのドン慾がたかまり、私は小学と中学時代にずいぶん勉強の時間を川魚たちにもぎとられた。

岩魚釣りもしたことはあるが、糸が木の枝にからまって魚がブランブランしてるような釣り方だった。

釣りにはなんとなく品格というようなものがある。手づかみは下品だ。下品で味をおぼえた私は下品なとり方の方にひかれていった。ふな釣りもしたが、それよりも夜ヅキ（ヤスでなまずやうなぎやふなをつく）夜ばり（麻糸にえさをつけてながす、これはおもにうなぎ）ブッタイ（竹で編《あ》んだ漏斗状のもの、これはおもに雑魚）ドウ（紡錘型の竹編み、それはおもにうなぎ）それらの道具で夜昼、殊に夏などは毎日の行事になってしまっていた。おかげで鰻のあるく道は一本しかないことも分ったし、大きな川になると二本あることも分った。いずれにしろ品格のあるとり方ではない。ガラス箱をとおしてのカジカ突きだって同じことだ。

ところでカジカやギギョはなまずよりうまいし、ハヤやウグイに比べると鮎は流石《さすが》に香り高い。平安朝の貴族のようだ。平安朝の貴族の末裔は石の苔などをなめているだけにいかにもキャシャだが、山女魚や岩魚になると内臓を博物館にするほど貪婪である。岩魚を紫式部などと書いたが、紫式部は山女魚の方であろう。どっちにしろこれら二種類の美女たちは内部に鬼の精神をもっている。外柔内剛という奴である。山女魚のエロティズムはギギョのむきだしのトゲよりも怖い。

牛の舌

牛の舌と尻っぽは、牛の肉体の上等の部と匹敵する。或いはそれよりも上の部に位する前とうしろの美味極だが、二つとも所謂洋食に使われる以外は、家庭などではてんで利用されていないようである。

牛の舌は普通やきとりやではタンと呼ばれ、これはもういつの間にか大衆料理の一つになっていて味も悪くはないが、味つけはどこへ行っても唯甘辛いだけで、タレそのものが余程ずばぬけていないかぎり、そのうまさも舌そのもののもつうまさが味つけをカヴァしているだけのようなもの、たまに塩をふって焼く場合もあるが、これはまたあまり単純すぎる。

北海道に旅行したとき、帯広の町で変な燻製がぶらさがっているのを見たので、なんですかときくと牛の舌ですと店員は答えた。早速私はそれを買って食べてみた。悪い味ではない。が、といってすばらしい味でもなかった。けれどもすっぱいようなその味が忘れられなかったので、他の土地でも探してみたり、北海道の友人が帰るときに頼んだりしたが、その後はついに手にはいらなかった。或る会合のとき、居合せた帯広生れの人に、そのタンのことをたずねてみたが、その人はそんな燻製のあることすら知らなかった。私が買ったのは小さなデパート式の店だったが、それは或いは一つの試みとしてやったもので、その試みがあんまり成績がよくないので止しになったのかもしれなかった。例えば新宿のN店などへ行くと牛の舌が三種類程の色あいの薄切りになって並んでいるが、これらと比べるとまるっきり野暮な薄ぎたない色のタンが細ひもでぶらさがっていた。――兎も角帯広でのその新しい試みがうれしかった。私はズブの素人だが、家庭の料理の一つとしてのタンをお勧めしたい。私の試みはこれも玄人からみれば全くの野暮ったいものにちがいない。

先ず肉屋から舌を一本買ってくる。それを大鍋に入れて、舌が没するように水を入れて煮たてる。どの位煮るか。沸騰してから二十分ほどだろうか。舌の表皮のところどころが泡つぶのようにふくれあがる。火傷のときの水ぶくれのようなものである。そしたら鍋を火から離す。それからその水ぶくれの舌をザルに入れてさます。さましながらその表皮を全部指ではぎとる。はぎとったら今度は、カメでもセトヒキの容器でもなんでもいいから、二つ三つに大きく切ったのを入れる。これから味つけということになるが、夫々《それぞれ》勝手に自分の好みに応じてやるのが一番面白いのではないかと思う。私の場合の一つの試みを言えば、タンをつめたカメの中に醬油を入れる。味醂を入れる。胡椒を入れる。ちょっぴりの砂糖とちょっぴりの塩を入れる。味の素を入れる。香料を入れる。それだけである。つくってから四五時間でも食べられるし、四五日後なら猶更《なおさら》いい。

食べるときはそのタンを薄切りにして洋ガラシをつけて食べる。洋酒のつまみにもいいし、日本酒にも、またサンドウィッチにしても、御飯のおかずにしても悪くない。

また煮出した汁は塩味にしてスープにする。人造でない天然の干椎茸を水でもどしたのを入れてのスープも、一つのタンでなら優に十人分の分量はとれる。場合によってはタンそのものよりこのスープの方が好かれるのではないかと思う。

そうもつのたぐい

三泊四日の逗留から、疲れ果ててまた東京にかえってきた。一行は六人、行った先は阿武隈山脈のなかの盆地、川内村というところ。そのあいだ特に忙しかったわけではない。大滝根に登ったのもクルマだったし、平伏沼《へぶす》のモリアオガエルを見に行ったのも矢張りクルマでだった。いつものように挨拶もなかったし講演のような用事もなかった。にも拘らず、いつものようにつかれたのは大体が酒類のためだった。朝酒、昼酒、夜は言うにや及ぶ、おやつ酒までつくのだから、まるで酒びたしだった。

川内村へは今度で九度目だったが、そのうちの八割までがモリアオガエルの産卵の時期の六月だったので、この土地の外来ものとしてはいつも鰹の刺身がついていた。それに決って土地産の岩魚。こん度の旅では磐城の浜でとれたカナガラシや山菜なども四ツ脚のお膳にのっかっていた。

ところで私の生れた村はこの川内村の山越えの隣村だが、子供の頃の刺身といえば磐城の浜でとれた鰹に決っていた。まぐろやたいの刺身などは知らなかった。

末広がりの籠が二つ、その各々に七尾か八尾の鰹が逆さに並べられたのを、天秤棒をかついだ「ぼでふり」（浜の小商人）がやってくる。私の村へは四つ倉とか豊間とか中の作などからやってきたが、片道四、五里の距離だから、重く暑く大変だったろうと思う。切り身では売らない。そこで買った一尾を、荒縄でゆわいて井戸の中にしばらくひやしておいてから料理する。鰹のなかでは刺身と中落ちの味噌汁がおいしかった。それからすぐには食えないが「しらす」（腹の白い脂ののってる部分）を塩でまぶしたのを四、五日すぎて食べるのがよかった。鰹のシーズンオフになると、浜の女が「あまわた」（鰹の塩辛）を売りにきた。これは鰹の臓物を丸ごと漬けたもので、食べるときは箸でつまみあげ、鋏で然るべくチョキチョキ切って細かくする。そいつを食べるのだが、これもうまかった。

私があまわたを好きなことを知っている川内では、こんどもMという宿屋のおかみさんが私たちの止宿先の禅寺までとどけてくれた。鰹の塩辛では土佐の酒盗《しゅとう》系統のものか、このあまわたかに限ると私は思っている。序《つい》でにもう一つ、それは私の自家製のもの。経験はそう多いとは言えないから、これらの他にどんなうまい鰹の塩辛が、どんな辺鄙なところでつくられているかも知れない。けれどもいまのところは、先ず私のゲテものに、私自身は軍配をあげておく。

お寺の庭で私も私なりのあまわたをつくり、中落ちと真竹の竹の子の輪切りの味噌汁をつくった。岩魚は前日とった中位のものの串刺しが二十本ほどあった外に、その日釣ったばかりの生まものが三十尾ばかりあった。私は岩魚のわたがすきだが、岩魚の胃袋のなかは小さな博物館みたいで、川虫やいも虫やなにやかにやがはいっている。安全カミソリの刃で腹をさき、そして胃袋に刃をあて中のものをとりだして串にさす。川内では岩魚に山椒味噌をつけたり、イキなこともするが、岩魚は焼きたてのものを囲炉裏《いろり》ばたで食べるのが一番のようだ。気分で味わうわけではない。前日焼いたものでも味は半減してしまう。岩魚そのものは塩焼きの単純さがいいが、わたはたれがよさそうだ。あくどくない程度のアブラがあって私はむしろわたの方が好きだ。

禅寺での生活はてんやわんやだったが、こんな、子供の玩具遊びのようなひとときもあった。

東京へ帰った晩はひどいドシャ降りだった。次の日も雨。三日目に晴れたので、まちかねて国立駅前の屋台にいった。そこはうなぎ専門のよしず張りの屋台だが、いままで食べあるいた鰻の屋台ではとびぬけて種類が多い。私にとって鰻のレバアばかりの串ははじめてだった。普通の串に褐色の小さいつるりとしたレバアが十二、三個ずつささっている。私はその屋台できもとレバアとひれとを主に、それからくりからとかえりとかもたべるが、味はきもが私には一番あう。ところできもといえば肝臓のことなのだろうが、鰻のきもの場合、肝臓もひっくるめた臓物だろうと、ただ漠然と考えていた。いや、考えもしなかったといった方がいい。そこへ独立独歩のレバアが現われたのだから、私は改めてヘエと思った。考えてみるとしょっちゅう食べる豚や牛のレバアにしてもほろにがさはない。鰻のきもの、あのほろにがい魅力はどうやら膵臓か脾臓であるらしい。とするとうなぎのきもスイなども、ほんものの肝臓ではなさそうである。

　こんなことを書くと私の無学を披露するようなものだが、それでもレバアだけの串を頬張った方がよほど楽しい。

　うなぎの屋台のとなりにはやきとりの屋台がある。やきとりは曽《か》つて自分もやったことがあるので、まあ大体の仕掛けが分っているだけにあまり興味はない。が、ふとそこものぞいてみると普通の屋台店ではやっていない豚の頭の肉をだしている。かしらは臓物というよりは貴重な部分だが、そこではたんやはつなみである。子袋もある。レバアや子袋の塩焼きもいい。そんな具合で近頃は散歩がてら、というよりも、その二軒におまいりするために夜の散歩に出掛けたりする。初めの頃は腰かけてビールや酒ものんだりしたが、近頃はもっぱら焼酎にした。烤羊肉《カオヤンロウ》なら老酒《ラオチュウ》でなく白乾児《パイカル》に昔から相場はきまっていたが、屋台の焼きとりなんかなら、焼酎が矢張りぴったりする。

子袋で思いだしたが、私が新宿の紀伊国屋の裏手で屋台をやっていたとき、画描きの庫田叕《くらたてつ》と歴程同人の馬淵美意子さんが毎晩といいたいほどやってきて、馬淵さんはおふくろのために、その都度子袋を買って帰った。豚のかしらもその頃やっていたが、鶏のとさかと臓物が、私のところの花形だった。とさかは突き刺せばそれでいいのだが、にわとりのわたは大変だった。包丁で腹を切り、しごき、洗い、煮、それから適当に切って串に刺す。一と口に言えばそれきりだが、一と口に食えるまではひどく手間どってやりきれなかった。もともとにわとりの臓物は犬屋にもらってもらう（日本犬は食わないらしい）代物で、私もいくらかお礼つきで鳥屋から払いさげてきたものだが、弟子の二、三人位はいなければ、とても永続きするものではなかった。

鮭の頭

いまいるところは練馬田ん圃のまんなかにあるので、一寸した買い物には荻窪まで出かけてゆかなければならない。十四になる娘が時々その役目を引き受けるが、或る日私が書き与えた目録をみながら、彼女の顔が一瞬曇った。

「鮭の頭？　イヤーダなあこれは」

「どうして！」

「恥かしいもん」

「なにが恥かしい！」

すったもんだの挙句、もどってきた彼女の買物籠のなかに鮭の頭が二三個はいっていた。恥かしいもん、といいながら食べるだんになるとちっとも恥かしがらない。鮭のなかでは私は頭がいちばん好きだ。鯛も同断。好きなところが一番安いのだから助かってしまう。鯛の方はそういう按配《あんばい》にもいかないが。

いま私のところは女気といえば十四の娘だけなので、炊事は親子共同でやっている。

だから神田とか新橋とか、出先きからよく私は鮭の頭などを買っている。
もう永年の馴染《なじみ》なので、子供たちも頭のどこが自分の舌に合うか、いまではちゃんと心得ている。眼玉と皮と骨と肉と、味はヴァラエテーに富み、箸達の自由選択を待っているかのようだ。

焼きとり屋をやっていた頃、代々木の原っぱをとおったことがあった。原宿に近い道ばたで、露店で鮭の頭だけを並べているのがあった。私は思いきって十四、五匹の頭を買った。それを新聞紙に包んで持ち帰るのだったが、渋谷の通りへ出ると新聞紙がきれて、頭が二つ三つ道に落ちた。それを拾ってまた包むとこん度は別の方が切れて頭がまた道におちた。上目黒まで——この時はずいぶん困った。

前橋にいた頃、鮭を一尾買ったことがあった。それを釘につるして、片面から食べていった。両面の肉を切りとると、こん度は尻っぽから中骨に進んでゆく。最後は頭になり、頭の最後は歯になって、その歯をこっちの歯でかみくだいて一尾の総ては終りになった。(中国では、豚の頭が普通の肉よりも高価だが流石である。肝臓も同断。日本では肝臓の安い点、比較的に言えば世界一ではないかと思う。肉の文明がまだ初歩のせいではないだろうか。)

えびの尻っぽ

高村光雲の、多分弟子の誰かが編んだ『光雲翁回想録』のなかで、麻布十番のなんとか屋のえびの天ぷらの尻っぽはうまいというような一節を読んだ記憶がある。それが十番であったかどこであったか、記憶はたいへんおぼろだが、えびの尻っぽがうまいという、そのことが書いてあったことだけはどうもたしかだ。私はそれを読んで十人力を得たような気がした。以前から私は天ぷらのえびでは尻っぽが一番うまいと思っていたから。無論えびのからだもうまいにはうまいが歯ざわりがなんとなく不潔だ。そこへゆくと、あの尻っぽのパリパリした香ばしい味わいはなんともいえない。

一緒に食べあった人のなかで私は尻っぽを食べた人を見たことがない。眼に見える向うの皿に尻っぽだけキチンと残される。私はいつでもそれをうらめしく思うのが常だ。食べはじめる前に、もし食べないんなら尻っぽは僕にくださいともいえないし、或いはこの人は、自分と同じように尻っぽが好きかもしれないと思ったりもして、相手が親しい人間でもつい遠慮してしまう。第一他人の皿をうらめしく思うなんてことは、浅間しいことにちがいない。

えびの尻っぽから私は、桂魚の尻っぽを想い出した。南京《なんきん》城外にある回教料理屋馬《マー》上興《シャンシン》の外では味わったことのない、私にとってはそこだけでの一皿だった。それは桂魚の尻っぽだけを胡麻油で揚げたもので栗鼠《りす》の肌のあの美しい斑《まだ》らを連想させて眼にも楽しく、シャリッという音と、軽いくせに深いコクのあるあの味は忘れられない。鴨の舌だけの皿もあることは周知のことだが、この尻っぽの方が数段上だと、私は思ったことだった。

秋刀魚の骨

秋のアドレスブックの中に「錦水・さんま」と書いてあるところがある。錦水は築地の錦水でさんまは秋刀魚である。いまは錦水のようなところでは秋刀魚のようなものは出さないだろうが、それは戦争中で、よっぽどうまかったとみえて書きとめておいたものらしい。その時は森田たまさんにご馳走になったのだったが、骨ごと、嘴《くちばし》や尻っぽまでも残さずに食べたのを森田さんはどう思っただろうかと、後になって考えておかしかった。

鰯《いわし》の骨ごとはむしろ定石のようだが、秋刀魚の、とげっぽい骨ごとはあまり見かけない。だがあの脂身と骨の淡泊さがまじって喉に運ばれるのは中々味なものである。たまさんの『ホテルの人々』のモデルの新橋の美よしさんがその時一緒だったが、この人はあとで私の骨ごとよりも豪儀なことをやってくれた。帝国ホテルの絨氈《じゅうたん》の上にお坐りして、割箸でお茶をたててくれたのである。錦水のさんまを想い出すとこの割箸もいっしょになって現われてくる。

アケビの実

私の机の上にいま、アケビの一枝がのっかっている。熟《う》れて割れた大きめの実が四つ十字のかたちに並んでいるのが見事なので食う気がしない。もっとも実はこの四つの裏側にもう一つついていたのでそれだけは食べたのだが。思いたったスケッチも雑々の用事の重なりで日がすぎて、色合いもくすんできた。

数日前やってきた天江富弥君がアケビは実を食べたあとの皮の方が実よりもずっとうまいことを教えてくれた。その説によるとパックリあいたガランドウにマツタケを入れ、すきまに味噌をつめて皮でフタをして何かでしばり、蒸すのだそうである。なるほどうまそうだと思ったが、ためしてみるには皮がだいぶひからびてしまっているので断念した。

このアケビは作曲家の小山清茂君が届けてくれたもので東京郊外の自分の庭に熟れたものらしい。それにしては大したできばえである。それを見た瞬間私は、この夏行った信州篠ノ井の西北にひろがる高い台地を思い浮かべた。そこが小山君の故里《ふるさと》であり、そこから持ってきて移植したものにちがいないと思えたから。そして同時に私は、蓼科高原《たてしな》のアケビを連想した。今年はアケビの芽ばえのころから、花も過ぎ、青い実のなっているのを見定めることのできたころまで蓼科に暮らしていて、たとえば「てっこうせん」の裏の小径《こみち》を登っての右側のアケビには実がいくつなっていたかなども、コッソリ私は知っていた。けれどもクリもアケビも食べごろになる前、カラマツジコウの味噌汁などを最後に山を降りた。

ジコンボウ

私のいる小屋をかこむ林にはジコンボウという茸《きのこ》が沢山でる。この秋にはこれを塩漬けにもしようと思う。ジコンボウというのは大した代物ではないが、私が最初に食べたのは戸隠《とがくし》でだった。以前は誰れもたべない茸だったそうだ。それを慈光とかいう坊さんがたべ普遍させたところからジコンボウという名前が生れたのだということを戸隠の坊できいた。戸隠にいた坊さんだったそうである。もしもそれが毒茸《どくたけ》であったなら坊さんでも死んでしまったにちがいない。

有毒無毒のきのこの図表も、自信のあるところは、そうした実験のあとでないと出来ない。犠牲を孕んだ一つの体験の歴史の結果ともいえるだろう。

こっちはなんのことはない、無毒だと身を以って太鼓判を押してもらったジコンボウを、こうでもかああでもかと、食いしんぼうの実験をすればいいのである。

それにしても、どんな小さな料理でも、芸術全般のように、それぞれの系譜が、料理にもあるのだろう。それを過去と未来にまたがって、経験と夢との数多い線を描いてみせる人の現われてくれることを、山の小屋から、私はひたすら希望したい。

大根の葉っぱ

糠漬《ぬかづ》けの隔夜もののなかでは大根の葉っぱがなんといっても秀逸である。これも矢張り糠漬けの板昆布《こぶ》を細かく千に切って、それらを一緒にまぜたものへ、根生姜《ねしょうが》のおろしと七色とをまぶしての、ほうじ茶漬けは一寸したものだ。

蕪の葉っぱも悪くはないが、あのすべっこさが却っていけない。コクもすくない。大根の茎や葉っぱの生《う》ぶ毛《げ》の舌ざわりは、隔夜にしたときの味わいの相当大きな役割を演じているように思われる。

ところが八百屋の店先きなどで、切られた大根の葉っぱがしおれて棄ててあるのなどを、いまになっても時々見かける。戦争前などはもっとそうだった。

私はそいつらを、八百屋の店先きなどに見掛けると、えびの尻っぽと同じくうらめしく思いながら通りすぎるのがならわしである。

世の中にとっては道ばたの小石ほどのことがらで、私にとってはうらめしいようなこんな系譜の数々は、一寸眼をつぶれば次々に浮んできて困ってしまう。もうこの辺で打切るが、まさしくこれは打切ることの出来ない貧乏性と言わずばなるまい。

花びらの味

府中の大国魂神社のくらやみ祭の翌日、毎年出るその苗市に、今年で二度目、出掛けていった。ジャスミンもあるかも知れないと言われて、あったら買いたいと思ったが、それはなかった。そして去年と同じように鯉と野菜の苗、南瓜、胡瓜、茄子などを買ってかえった。

Yさんが去年の或る夜、鉢植満開のジャスミンを持ってきて私の書斎においていった。その甘い香りは、まるで波紋のようにたちまち部屋いっぱいにひろがって、それがひろがりきると、動かないもやのように隅々までたちこめているようだった。

ジャスミンというのは種類がひどく沢山あるらしい。私にはそれらの種類のうちの、なんという固有名詞をもっているのだか見当はつかないが、白い筒状の花をいっぱいつけてた、その芳香が忘れられないものになっている。昼間はいやに味気なくジャスミンとおなじように夜だけ匂う仲間の夜来香《イエライシャン》も相当なものだが、ジャスミンの重たい匂いとは比べものにならない。

ジャスミンはどういう次第かは分らないがモクセイ科だそうである。そうすると私のちっちゃな庭にあるライラックとは親戚の間柄である。にもかかわらず私のところの紫のライラックは極く淡い香りしか、つまり花に顔を近づけなければ匂ってこない。私の経験ではこんな筈はなかった気がする。中国では丁香《ティンシャン》と呼んでいる通り匂いの花なのだろうが、そして私のあの地での経験では、それは矢張り高い香りをもっていたが、どうしたわけか私の所有のライラックはほんのわずか、うすい香りしかもっていない。ヨーロッパの原産らしいから、流れ流れてのはてに匂う本能がすりきれてしまったとでもいうのだろうか。

ところでクチナシは中国の原産だが、イギリスでのアダ名は Mr. Fortune Cape Jasmine というのだそうである。そのフォウチュンケープという仁が中国からイギリスにもってゆき、それがついたので、記念につけたものらしいが、クチナシもジャスミンということになると、ジャスミン一族が二百種もあるということもうなずけるわけだ。

白と芳香、なにも調べたわけではないが、白い花に香りの高いのが多いというのはどういうシキタリからきたのだろう。その辺のことはまるっきり闇だが、ただ現実としてそうあることは事実のようだ。例えばいままであげたジャスミンにしてもクチナシにしても夜来香にしても白の系統だしライラックにも白がある。その他茉莉花や玉蘭、そして栗やアカシヤの花や野バラの花もみんな白い。私の庭にジンジャアがあるが、これも花は白で香りが高い。

これらのうちで私がたべたのは野バラの花とクチナシとジンジャアとである。匂いのはなしから食う話に突然落下するのは少し品がないかもしれないが、香りをも一緒に食べるといったら幾分の言訳けにはなりそうなもの。

野バラの花はヤマアヤメの紫などと一緒にサンドウィッチにしてたべたし、クチナシはウイスキーのつまみにした。したというよりは毎年のことなので、する、といった方が適当かもしれない。蕾がひらきかかったのや盛りの花をもぎとるのは少し気がひけるので、ひらききってわき見をしているような花びらをいくつかちぎって、ガラスの器に入れ、二杯酢にしてたべると、あの白いビロードの舌ざわりはいいし、ふくいくとした香りも鼻梁にはいってくる。秋口に咲くジンジャアの白い炎のような花びらはコンソメに浮かすのが適当のようだ。これは出来るならば銀のスプーンを用いたい。そして花びらは皿の片隅あたりにのこさずに、スプーンにうかしてチョッピリ歯を入れのみこんで下さい。こんなのは極く他愛ない思いつきだが本ものの料理が中国にはある。これは相憎く白ではなくて金色の例の金木犀が材料だが、栗の実のあまいスープに、咲いてるまの木犀の花をちらしかける。それをあの小さな花ごと飲むのだが、どこのレストランでも出すという代物ではない。桂花栗子湯《ユイホアリーズタン》とよんでるが、これは銀のスプーンではなく、チリレンゲですくってのむ方が感じがでる。

宿屋の料理

関西をのぞいた地方都市などへ出掛けるときは小さな茶カンを持ってゆく。自分のものを自分でいれたいためだが、どうも幾分キザで皮肉でいやなのだが、本音をいうと辛い思いだ。お茶の質は別にして、大概の宿屋では、お茶の入れ方が暴力的なので、それにたえられないため、遠慮しいしい、自分で勝手に入れさしてもらう。

お茶をまともに出す宿屋は料理もまともだが、そういうのはごくすくない。だから期待しないようにしている。そういう習慣をうえつけたせいか、近ごろは宿屋の食膳《しょくぜん》にむかう余裕ができた。けれども新しい土地へ行くと、どんなものがでるだろうかとワクワクする。

北海道では旭川でのサケの水たきと浦河の宿での海草のみそ汁がおいしかった。定山渓や登別では飲んだ覚えはあるが食べた覚えはない。

東北では本庄や酒田のべんけいえび、三陸のほや、磐城のウニの貝焼きなどがよかった。花巻在の光太郎詩碑の除幕式のときは赤飯に山菜だけの弁当がでて野天でたべたが、山菜弁当などというのははじめてだった。九十九里のアジのたたき、松本の馬肉、魚津や米子のカニやバイ貝、広島でのデベラ酒（ああこれは脱線）。

「こんな東京風の色つけタクアンでなくってさ、君、なんか台所でたべるオシンコない？」と蔵王の宿で女中に言うとすごくおいしい近江づけをもってきてくれた。戦後三年目のころ、京都の宿に一週間ほどいたが、京極へつけものの買いだしに行くのが楽しみだった。

宿屋の料理では大阪の宿、名前は忘れたが味は覚えている。そろそろ季節になってくるが、ふぐでは下関と別府、これも残念ながら食べたところの屋号は忘れた。けれどもバカの一つ覚え、舌はめっぽう記憶がいい。

この間八ケ岳に登ろうとして中山峠のてっぺんにかかったとき雪まじりの雷雨にやられ、ぐしょ濡れになって渋の湯の宿屋にたどりついた。

その宿屋は自家発電で、部屋にぶらさがった裸かの電球は字が読めないほど薄暗く、そこへ夕飯の膳が運ばれた。目ぼしいものはオムレツだったが、それがまるで冷たく、その上にかけられたトマトケチャップは、時間がたっているのだろう薄い表皮ができて皺《しわ》がよってた。かの有名な熱海の宿では、私は三度とも冷たい天ぷらの御馳走にあずかったが、あれは客が多いということにもよるのだろうか。けれどもそこの宿では、そんなに泊り客もなかったようだ。結局私を一番よろこばしたのは二夕切れの沢庵だった。
翌《あく》る日は、もっと降《くだ》ったところにある明治湯の保科館というところで朝飯をたべた。女中がどんなものにいたしましょう、ときくから、土地のものにして下さい、とたのんだ。

わらびの二杯酢がおいしかった。塩づけにしてあるわらびをもどして、少量の酢と醤油、かつお節がその上にかかっている。他のものは別に珍しいものがなかったが、膳には愛情があふれていた。それが私にはなによりだった。

この二つの宿屋の料理の流儀を考えてみると、客が東京ものらしいから東京的な料理を出そうとし、また一つは東京ものらしいから土地的なものが却ってよくはないかと意向をただそうとしたのだろうが、どっちも間違いではない。私にしてみれば地方に行けばその土地独特のもの、例えば十和田湖界隈での根曲竹の子やミズ、津軽のほや、蔵王の近江漬け、そんなのはいつまでも自分の記憶に残っている。そうしたものが欲しいのである。その方を宿屋にも、都会人はむしろその土地土地のものを食べたがるから、と勝手な想像だが、すすめたい。けれども、そんなことよりも一番大事なことは、なんでもない素朴な愛情、それが基本ではないだろうか。

私は旅に出るときは大概はお茶を持ってゆく。宿屋のお茶のまずさは平古垂《へこた》れるが、それよりも要るのは一人分、先ず一杯のお茶なのに、十杯分位の分量のお湯を一度にドクドク注ぎこまれるあの暴力にたえられないから。他人《ひと》によばれた宿屋では失礼だから持ってるお茶も出さないが、独りの宿では女中にお湯だけもってきてもらって、女中が席をはずしてから、こっそりお茶をのむのである。渋の湯では猛烈に硫酸を含んでお茶も駄目だった。そんなことからプラスマイナスを言うのではサラサラないが、愛情のプラスマイナスはたしかにあった。

愛情といえば私は死んだ母を想い出す。

母は客人に対して、

「おいしいですから、是非召し上って下さいまし」

というようなことをいつでも言った。そして私などには、よそで出されたものは残さずにいただくんですよ、と少年の頃に言われたものだ。どっちにも共通して愛というものが土台になってるようだ。

蓼科の山ウド

私のいま暮している蓼科高原の小屋は海抜一三五〇メートル程のところにあって、今日は七月十四日だが、栗の花もまだ咲かない。ようやく細い緑の紐は垂れたが、あの香りの濃い白い花がひらくまでには、あと一週間もかかるだろう。いま満開なのは野ばらとむらさきつめくさ、それからあざみ。高山植物のキバナシャクナゲが卓子《テーブル》の上のコップにささって美しい花を並べている。

あやめ、レンゲツツジはもう終ったので、近頃は時々野ばらの匂いやあざみの紫をバタパンの間にはさんで食べている。シャクナゲの花びらも失敬する。けれどもこれなんぞは私の気儘な道楽でひとに勧めるような代物ではない。いま誰れにも勧められる山菜はフキしかない。わらび、ぜんまい、たらの芽、山ウドも季節をすぎた。

ところが今日親湯からの帰りの山道で、思いがけないところに未だ食べられる山ウドを発見した。崖崩れの赤土をかぶって新鮮な芽が天の光にむかっていた。といっても何しろ季節は争われず、普通たべる茎のところはほんの僅かの部分しか、あとは生ぶ毛を生やした新しい葉っぱ。それをていねいにちぎって持って帰った。

山ウドはこの辺に沢山あるので誰れも茎以外は食べないし、都会でのウドは白い豊満な茎だけで葉っぱなどは殆んど出ていない。（香りは水割りの酒みたいで山のに比べると比較にならない。）

ウドの葉っぱも私は好きだ。私は山道を降って豆腐を買ってきた。豆腐の味噌汁と冷やっこ。葉っぱを微塵《みじん》にきざんで、よそったお椀の汁にそれをふりかけ、また冷やっこの薬味にする。手に持った黒塗りの椀から目覚めるような強い香りが靄のようにのぼってくる。瞬間私は、都の食いしんぼうの仲間のことを思いだし、やいどうだいと独り言を言いたくなったり、食べさしたいなあとも思ったりした。

旅先の漬けもの

私は漬けものが好きなことから、いつの間にか自分のところの糠漬けは自分でやるような始末になり、そうなるとだんだん凝り出すような羽目になり、言わば困った仕儀になっています。

そんなことから食膳にのぼる漬けものにも、つい色んな我儘が出てしまいます。ところで、南京にいたころ祇園の近くに漬けものだけのお茶づけやがあるときいて、京都へ行ったらそこの暖簾《のれん》をくぐるのが一つの楽しみになっていました。終戦後二度京都へ遊ぶ機会があったものですから、その店を探しましたが土地に不案内だったせいでしょう、或いはもう転業でもしてしまったのか、その店は見当りませんでした。

けれども漬けものでの楽しみは別の面で味わいました。

私は柊《ひいらぎ》屋と千切屋に泊りましたが、京極近くの、何という露路ですか、京都の人なら誰れでも知っているにちがいないあの食品横町で、色んな種類の漬けものを買って宿屋へ持って帰ります。それらを、これはこれ位ずつと女中にたのんで食事のときに出してもらいました。

個人の家では色々と工夫しているところもあるでしょうが、東京の食料品屋にならぶ漬けもの類は情けない程、ナマで深みも幅も奥行きもありません。黄色い色づけの沢庵の大樽などデンとあったりしますが、ガッカリします。

銀座に一軒だけ名古屋でできる沢庵を売る店があって私は銀座へ出る度、それを買ってきたものでしたが、いまはその沢庵も売っていません。

東京の浅はかな漬けものの類を見ると京都での楽しかった買い出しを想い出すことがよくあります。（注・近来はヒネ沢庵は無論のこと、地方からの名物といわれる漬け物が東京にはいってきて、楽しみが一つふえました。けれどもそれら地方名物の漬物類もその土地土地で食べるのにしくはありません）

先日蔵王にのぼったとき、麓の高湯の宿屋で近江漬けというのをくった。旅の宿屋の食いもので私がいちばん困るのは先ずお茶と香のものだが、殆んどうまいと思えるのが出たためしはない。最近の旅では津軽の沢庵と高湯の近江漬けがわずかに秀逸だった。けれどもそんなものは、特に都会から来たと思える客には出さないし、だからそれらの二つにしろ、なんか土地の漬物を――という注文で出されたものである。

山形で近江漬けというのは一寸変だと思ったら京紅のための紅花などの商売にきた近江人が宿屋に泊って伝授したものらしい。痩せ大根とその葉っぱ、菊芋などを乾したのを塩と糯《もちごめ》とでつけたもので充分一年はもつという代物。味もこくがあっていい。

もとはといえばものを大切にする精神から出ているもので、それは料理というものの秘密にも通じる。なぜならばそれは葉っぱの栄養を無駄にしたくない愛情と菊芋をも一緒に入れるという実験などの、言わば一つの総合だから。栄養と愛と実験、それらはやはり料理というものを進展させる要素だから。

竹寺のがん漬け

　ひどく疲れたので奥武蔵に出掛けていった。天王山に登って孟宗《もうそう》のこんもりしている竹寺というのに泊った。そこは牛を祀《まつ》っている寺で、あたりには民家はない。前後のラジウム鉱泉で金が心細くなったので案内のリーフに「応分」と書いてあったその寺に小殿というところから登っていった。

　夕方寺の風呂にはいった。窓からは竹林《ちくりん》の丘と大きな百合花がなかなかいい。

　夕食の膳を住職が運んできてくれた。味噌汁には青柚子《ゆず》のひと切れが浮んでいるし、百合の根がパッと白い皿にひらいているのも山寺らしい。そして私は小皿のなかの灰褐色のものを口にふくんですくなからずびっくりした。がん漬けである。

　がん漬けは佐賀や福岡の特産で、関東のこんな山間にあるのは、……あんまり突飛だったのでびっくりした。

　きいてみると西武鉄道の上役の人がきてその製法を教えてくれたということ、それで私も納得できた。

「この辺にいるんですか」

「下の沢に沢山います」

私の脳裡には沢がにの思い出がひろがっていった。

「背戸は赤松の山。前はすすきや草のなだらかな丘に屏風《びょうぶ》岩。そのまんなかのにぶい蛍色の出湯をまもる家一軒。ここを湯の沢という」という長い題名の故郷思慕の詩の第二章に、

いろいろの小岩の下の。

うごかせば赤い沢蟹《さわがに》の。


うぐいすの。

三十年もどるほのぼのの日の。


かるい。

おもたさ。

私は翌る朝早く、山径を深い沢に降りていった。きれいな水だ。私は苔のしめってい
る岩に手をついて、うつぶせになって水を呑んだ。
沢蟹のいそうなところは昔の経験で分っている。案のじょうだった。小一時間。私は
五十匹ほどの蟹を桃のカンヅメの空カンに入れてひどいジグザグの坂径を竹寺にもどっ
た。

いま私は、この一文を店の卓子で書いているが、すぐそばのボールには沢蟹たちがア
ワビ貝の背中にのっかったり水のなかを横匐《よこば》いしたりしている。

私は少しばかり予定がくるった。私は私なりのがん漬けをつくろうと思った。けれど
も数がすくないので、油でから揚げにして客にも出そうと思ったのである。

けれども二日たち三日たちしている間にどうも油の中で真っ赤に硬直するのを見るの
は困るようになってしまった。泥鰌《どじょう》の骨を煮たのを味つけしてわたすと、小さいはさみ
でつかんで口にもっていく。どうもこうなると余計いけない。

十日程前までは野良猫だったフウが、ボールをのぞきこんでは手でじゃれる。すると
蟹たちは驚いてざわつく。こっちはついコツンとフウの額をやってしまう。

松本の馬肉

去年の秋、木曽馬籠の藤村記念館十周年の記念祭に列しての帰り、松本により三河屋へいった。馬肉専門の風采のあがらない古びた店である。馬肉というものを、私はそうたびたびたべたわけではないが、そこのさくらのすき焼は、いままで食べたもののなかでは一番だった。砂糖はザラメで野菜はネギだけだが、それは白いところのすくないチビたネギだった。その粗野さに風味があった。ことしも木曽の旅のはてに三河屋のさくらをくってきた。去年は七、八人いっしょだったが、こんどは、すぐ近くの浅間温泉にいながら、まだ馬肉を食ったことのないという高校生と友人と三人でたべた。

脂肪が適度にあって、汗をながしながらの七月のすき焼と冷えたビールは悪くなかった。女中は持ちはこびだけに階段をあがったり降りたりするだけで、サッパリしてて、それもよかった。

茘枝

ニューデリーで開かれたアジア諸国会議に出席して、その後中国の招きで北鮮までも廻ってきた坂本徳松君が、ゆうべ突然私の店の「火の車」に現われた。

蛙の漫画のでている小朋友という子供の本と五加皮の小瓶と茘枝とを土産に持ってきてくれた。蛙と酒と広東の名果と、総て私を対象にして考えてくれたものばかりである。私は大変うれしかった。特に干したものではなく生まのライチー（茘枝の広東読み）を掌にのっけるのは何年ぶりだろうかと、お客たちを前にしながら独りひそかな感懐にひたった。

北京では廖承志の姉さんの夢醒さんに会ったが、夢醒さんは私の消息をきいていたと坂本君は話した。広東では私の母校嶺南大学にも行った由を坂本君は話した。私はライチーの数個を膝の上にのっけながら、青春が一時に甦える思いだった。

碼頭《バトウ》から大学の正門までの路はクリークに沿って大きくカーヴしていた。クリークには水牛たちがよく首だけだして水浴していたものだが、そのクリークに濃い蔭をおとして鬱蒼としたライチーの木が並んでいた。六月がこの果実のシーズンで幾分黝《くろ》ずんだオランダ苺のような実が、丸く点々とぶらさがっていた。

坂本君の持ってきてくれた茘枝は、もう苺色は褪《あ》せて褐色になっていたが、表皮をむくと、忽然現われたむき出しの乳房のように、その、僅かに青味を帯びた乳白半透明な美しい肉が現われた。顔に近づけると、まるっきり昔とそっくりな甘ずッぱい何ともいえないコクのある匂いが鼻をみたした。苺大の実からあふれる匂いは靄になって私の顔を包んだ。

私の舌は三十年も昔のこのライチーの味をはっきり記憶している。その記憶に狂いをきたさせないためにも、私はそれを直ぐには口に運ぶことをしなかった。眼と舌を、揃ってよろこばせる。このような高貴な果物が他にあろうとは私には思えない。楊貴妃が昔、広東から西安まで、馬に乗せて運ばせたという伝説もおそらく伝説ではあるまい。只この生果は変りが早いので、西安に着いたころはひどいローズものになっていただろう。

茘枝は矢張り現場で、例えば広州郊外の茘枝湾などに船を浮かべ、初夏のまひるの斑らの木影を浴びながら食べるのが第一だろう。けれども海をへだてた東京の一つ二つのライチーこそは郷愁を含んでの美しい味で、これはまた現場では味わえない。私はゆうべの深夜、なんともいえないこのカクテールを味わった。

魚生粥

盧溝橋事件の号外の鈴の音が鳴ってから十日ほどして、親しい同窓劉燧元君夫妻は中国に帰っていったが、横浜をたつ二日ほど前に彼のアパートで魚生粥（イイサンチョク＝広東語発音）を食べながら別れの宴をはろうということになった。

その時一緒だったのは、法政に留学していた陳秋帆さんと細君と看護婦と私たち四人だった。劉君の細君はカラザという珍しい病気で、帝大病院に入院していたが、事件のぼっ発から帰国することになり退院、病状がまだ不安だったので看護婦がつきそっていた。陳さんは女ながら帰国して銃をとるといっていた。

さて魚生粥だが、広州での学生時代に私は好んでそれを食べた。その当時のことを劉君が憶えていて、みんなで手料理しようということになったのだが、魚は白身のものならなんでもいいとしても、材料にないものがあったので結局はほかのものを食べて我慢した。

魚生粥というのは北方にはない。暑い夏にフウフウいいながら食べる南方独得のものである。当時は大ワン一杯が五銭だったが、材料は鯇魚《アメノウオ》のナマの切り身、南京豆、するめ、ねぎ、薬味としては香りの強い芫茜《フジモドキ》など、それを大ワンに入れたものに、小量の醬油をたらして白カユを盛る。ただそれだけのものだが、冬よりも真夏の方が魚生粥をすするにはふさわしい気がする。私は夏になると時々このカユを思い出す。東京での別れの宴では一緒にすることはできなかったが、劉君は現在、上海の某新聞の主筆をしている由を伝えきいたので、生きている間にはいつかは一緒に食べる機会もあろうかと思う。

ところで同じく同窓であるダートマス大学の教授をしている陳宋捷君が、目下東京にいるが、銀座近くで魚生粥を出す店が一軒あることを教えてくれた。暑いうちに出かけて郷愁を味わいたいと思う。

香港からやってきた二十年ぶりの中国旧友と、いま東京・銀座でスキヤキをつついて別れたばかりだが、広州の思い出などを話していたら、学生時代の魚生粥が話題にのぼった。真夏のオシボリはごくあついか、ごく冷たい方がよく、中間はどうもいただけない。

魚生粥はフウフウふきながら食べる真夏のおかゆである。庶民の料理としても最底辺のやすもののひとつだが、汗を流しながら食べるとなんとなく暑気ばらいができるような気持ちになる。

広州とはおのずから材料も違わざるを得なくなるが、手近なものでごまかすことにして、まずドンブリに干しイカの足のもどしたものを二、三片、ナンキンマメを油でいためたのを数個、それに白身のなまざかなの切り身をいくつか入れてしょうゆを数滴おとし、それにスープをダシにしてつくったゆるいおも湯を、しゃもじですくってたっぷりかける。

幸いわたしの畑には山西省種香菜《シャンツァイ》があるので、それをミジンにきざんだのを薬味としてふりかける。それだけのことである。あとはフウフウいいながら（いわなくってもいいし、いわない方がいいだろうが）チリレンゲでのどもとにながし込むだけのはなしだ。

一人だけの一杯のためにつくるのは、こんな簡単なものでも暑苦しい夏場ではめんどうくさくも感じるが、五、六人分をいっしょにつくるなら、たいしたことはない。

近年はジンギスカンとよばれる烤羊肉《カオヤンロウ》を東京界わいでも食べさせられるが、これは中国産の羊肉なら顔負けするだろうほど、まるっきり日本料理に化けてしまっている。わが家の魚生粥はその点、材料はチグハグだが、根元概念は広州的だと自負している。

血の料理

二十年程前に、私は新宿角筈で屋台のやきとり屋をやっていた。やきとりといっても材料は豚の臓物だった。豚ばっかりでは然し、あんまりノウがないと思って鶏の臓物もやりだした。

豚の方は卸屋があって、毎日オートバイで配達してくれるのだが、鶏の方はこっちから契約しているとり屋まで出掛けて行かなければならない。

鶏の臓物といっても、所謂もつなどではなく、糞のつまった腸が主である。鶏の首とか脚とか、腸や羽や胃袋がいっぱい投げこまれているバケツをもらって、それを家にもってくるわけだが、こっちがこの代価を払うのではなくて、とり屋の方で毎月、僅かながらもこっちに金を払ってくれる。というのは、その仕末に困るからである。

当時鶏の臓物を要るのは犬屋だけだった。犬屋はそれを犬に食わせる。ところが日本犬は不思議とそれを食わない。西洋犬だけに食わせるのと、それにとり屋の数と犬屋の数を比較すると、とり屋の方が遥かに多いので、従って鶏の臓物類の仕末に困る結果になる。だから、いくらか金をだしても処分してもらうことはとり屋にとっては有難いことになる。そしてこっちは、ノシつきのただの材料を売るのだから、これもありがたい。

腸は、包丁で糞をしごき水洗いして煮る。煮たのを更に水洗いして、水をきってから串に刺す。鶏冠《とさか》もハスに切って串に刺す。

やきとり屋としては腸と鶏冠をだしたが、私自身はとりのガラのテリ焼きやケヅメも食べたことがある。一羽のにわとりでも何んでも食えるものだと思った。にこ毛は羽ぶとんの材料にもなる。

ところが中国に行ったら、上には上があるものだと思った。

鶏の脚がスープの材料になって鍋に浮いていたりするのは、一応誰でもが知っているが、血がスープの材料になるとは、私などは考えてもみなかったことである。それを教えてくれたのは私の婀媽《アマ》(女中)だった。

鶏を殺すとき、喉を鋭い刃物できる。その前に丼に水を入れたのを、土間なり調理台において、喉から血をその丼におとす。すると、その血は間もなく凝固する。にこごりみたいに固った血を、千切りにして、それでスープをつくるのである。成る程なあ、と私は思った。そして更に一つの経験を想い出したものだった。それは東京横浜大震災の前後の年代だった。その頃私は広東で学生生活をおくっていたが、街をぶらつくと乾物屋とか肉屋の店先きに豚の血が眼についたものだ。それは大きな盥のなかに、矢張りにこごりのように固った血がはいっているものだった。それを買いにゆくと、豆腐のように切って、それを葦の茎でしばって持って帰る。

豚の血の料理の代表的なものは、酢辣湯《ツウラッタン》である。

鍋に水を入れて沸騰したところへ、千切りにした血と味噌汁に入れる位の大きさに切った豆腐を入れて、薄塩の味をつけ、とろ火で煮る。そこへ酢と砂糖を入れる。更に葛粉をとかしたのを入れる。一寸甘ずっぱい乙な味の料理である。

この酢辣湯《ツウラッタン》は、後に中山湯《チョンサンタン》というあだ名がついたが、それは次のような挿話から生れたものだった。

孫文《そんぶん》（中山）が仲間と食事しているとき、この酢辣湯《ツウラッタン》が出てきた。すると孫中山は例えばこのスープだが、これがどんなヴィタミンをふくんでいるか、カロリーはどの位あるか知らない。が、食べることは食べている。知るは易く行うは難しというのも真理だが、知るは難く行うは易しということも真理だ。中国人は、もっと知ることに努力しなくては駄目だ。

そんなような話をしたらしい。そこから中山湯のあだ名は生れたのだが、ガンチクのある話だと思う。

酒菜のうた

前口上

犬や猫や蛇は無論のことだが二十日鼠や野鼠、源五郎虫や蟬まで食べる中国人が、どうしたわけか鰻はたべない。或いは食べる地方があるかもしれないが、私が経験した都会のレストランのメニュウで鰻の料理が出ていたためしはなかった。私たちが蒲焼きにして食べる鰻を、中国では白鱔《パイシャン》と呼んでいるが、それは食べずに黄鱔《ホワンシャン》というのは食べる。食うことにかけてはあれほどドンランな中国人がどうして白鱔をたべないのだろうか、分らない。

ところが黄鱔はたべる。黄鱔というのはグロテスクな代物で、「白《パイ》」と同じく川や沼や水田などに暮していているが「白」のように背中は青黒くまたは濃いブラウンなどではなく、そしてまた腹は白くはなく、全身がまっ黄色で方々に黒いぼてぼての斑点がついている。大きな料理屋の店先きなどに、大ガメに入れられて料理されるのを待ってる「黄《ホワン》」はマムシのような格好をして頭を水面に並べて、立ったまま酸素かなんかを吸っている。大いに気持ちが悪い。

ところで中国の或る新聞にこの「黄」の十三種以上の料理法を知っているコックを求む、という求人広告がでていたことがある。大体普通のレストランでは、この「黄」の骨をさきとったのを蒲焼きの「白」のようにブツ切りにし、舌のこげるような羹《あつもの》にしたのを出すのが一般だし、私自身それ以外の「黄」は食ったことがなかった。だから「黄」を食うのにそんなに沢山の料理方法があろうなどとは想像もしなかった。たとえてみれば鰻の蒲焼きや白焼きの他に、十種類もの料理法があるということと同じだ。流石に料理の国だとガイタンこれを久しうしたことを憶えている。それにしても、と誰しもが猶《なお》クビをかたむけたくなるだろうが、中華料理のフカのヒレはエーゲ海や三陸もの、また燕の巣のスープの材料はボルネオ産で、夫々輸入ものであることなどを考えるとそのドンランさには敬意を払ってもいい、またなまこの干物は、これもまた三陸産のものが多いようだが、この輸入材がレストランのメニュウにだって数種類はプリントされている。レストランのメニュウにだってというわけは、普通そうしたところで働いているコックよりは、個人が雇っているコックの方がはるかに腕利きであるのが常識のようだ、そんなならわしがある位だから「黄」を十種類以上も料理するのなんか、決してスットンキョウな夢物語りではなさそうである。

然し考えてみれば、お隣りにばかり驚くことはない。日本の料理や惣菜のヴァライティだって相当なものだ。例えば漬け物のたぐいだけでも何百種あるか分らないだろう。人間が次々と子供を生んでゆくように料理も無限に生まれてゆく、というよりは創ろうとすればその可能性は無限だ。同じ材料でも、もっと別な食べ方を……という夢が新しい料理を次々に生んでゆく。探求と実験がくりかえされる。

大変漠然とではあるが私は勝手に独断的に決めている。世界の料理の中での第一は中華、第二はニッポン、第三はフランスだと。食いつくしたはての独断ではないが、なんとなくそんな気がするのである。特にニッポンの魚と野菜の料理は他の国の料理では味わえない美しさとうまさがあると思う。それら郷土色豊かなものから都会地の凝ったものまでの食行脚をしたらどの位の年月が要るか、考えただけでもぼうっとする。そんなに数多くありながら、しかも無限に新品をつくる可能性があるということは、例えば碁が、何千盤やっても夫々異った盤面をつくり出すのと同じようなもの、そして碁よりも遥かにヴァライティに富んでいるのが料理だ。

料理は玄人には勿論のこと料理人でない素人の私達にも無限に広い分野を展開してくれる。子供がオモチャいじりをするような、そんな幼稚な私たちの庖丁でも、幼稚なら幼稚なりの面白いものが生みだされる筈だ。そんな建前から、自分で試した酒の肴の数々をこれから開陳しようというわけだが、永い間の貧乏暮しとケチな性分とから上等な肴などにはあんまり出会ったことがない。それは言わばつくる段になっての致命傷だが、反面貧乏とケチのおかげで、ただのものやただに近いもの、そして安価なものでなんとか胡麻化そうという精神は旺盛なので、庶民の酒肴には直ぐにでも応用出来る代物が並ぶことになるだろう。

海のひびき

もう七、八年も前になるだろうか、友人夫妻といっしょに鎌倉の海岸に行ったことがある。材木座から歩いて十四、五分のところ、小淵にまわった。そこには海水浴の連中は数える程しかいない。遠浅の岩礁地帯で引き潮のときは泳ぎにくいがウニがワンサといる。

只少し残念なのは、その界隈のウニはあまり大きくない。私はそのウニをとって小石でこづき、半分水にひたしながら、あの黄色いのをするりとすする。三十個ほども平らげたろうか。すしやの氷の上にのっかったウニよりは、香りもツンときて風味も上乗《じょうじょう》だった。

ビン詰のウニも悪くはないがあの味つけがどうもピンと来ない。味つけしないむしウニの缶詰の方が遥かにいい。それよりも私は、ホタテの貝殻にたんまり入っているのを貝殻ごとうす焼きにしたのを一番とりたいが、その次が磯で食べる生のウニ、よくよく考えてみると、これはどっちをとったらいいか分らない程だ。はじめに海の話がでたから、まず海のものからはじめることにする。

若布

毎年、若布が解禁になるとどこか海辺に出かけていく。漁師たちは、刈りとった若布を砂浜に干すが、そのまえにいわゆる耳をとってしまう。耳というのは、若布が岩に根を張っている上の部分で、内臓みたいにくにゃくにゃに縮まったところだ。切りとられた、いわゆる耳たちは砂浜に放り投げられてある。その乾いていない濡れたのを拾って砂のついたまま干して、干上ったのをリュックにつめて東京に持ち帰る。持ち帰ったものを、もう一度いつまでも保存するために、二、三日天日に乾かしておくと一年でもそのまま保存がきく。

カチンカチンになったものを水にもどすと、生《なま》のときのようにまたヌルヌルが出てくる。よく水洗いしたのを細かく切って二杯酢にする。コリコリする歯ごたえと、コクのある味のそのヌルヌル、また磯の香もほんのりただよい乙なものである。

若布のとれるところならどこの海辺でもよい。漁師はとってはいけないなどとは言わない。むしろ海辺のよごれを掃除してくれると歓迎されるだろう。

市販されている普通の若布を然るべく切って、金網でほんのちょっぴりあぶって、その上に粒ウニを箸でぬりつける。どんなウニでもいいが酒の香のプーンとくるのは、私はごめんだ。生ウニなら若布でつつんでたべる。また、若布の水にもどしたやつをみじんに切って、すり胡麻と醬油と酒でまぶす。

昆布

若布の兄弟分みたいなカチンとした板昆布を二センチ角位に切って、その板昆布の間に味噌を薄くはさんで、それを金網で両面焼く。すると味噌に昆布の味がしみこみ、昆布のほうには味噌の味がしみこんでうまい。

すこし甘いのを好きな人は味噌を味醂でのばしたのを、おせんべいに刷毛で醬油を塗るよう薄く塗りこんで、それをやっぱり同じように焼く。人それぞれの好みに応じて、どうにでもやればよい。飲みながら焼き、焼きながら飲む。独酌の時なんかにいい。

海苔

海苔にオリーブ油を塗って、その上に塩をパラパラとかけ、それから調味料をその上にかけ、片面だけ（塗らない方を）焦がさないように軽く焼く。焼海苔でなく普通の海苔の方がいい。上等の海苔の方がいい。上等の海苔なら猶いいが、それをはさみでたべごろに切ってつまみにつくる。

ついでに、汁ものの材料が手近にない場合に、焼かない海苔を適当にちぎって、すまし汁にいれる。海苔は原形にもどるが、その中に小さめの梅干を一個入れる、小梅でもいい。

三陸産の松藻というのがある。海の磯に生えているものだが、それを焼き二杯酢にする。(味噌汁の具にしても一寸いける。)

たら子

たら子はなるたけ色の赤っぽくないのがいい。それを皮をむいちゃって味醂と醬油を入れてかきまぜる。あんまりかたくなく、あんまり水っぽくなく、トロトロッとした感じののばし方をする。

やはり皮をとって、箸でかきまぜて、その上にレモン酢とサラダオイルを少し入れて、これもよくかきまぜてのばす。

これも皮をとったたら子に抹茶の粉をまぶす。たら子にすこし塩味があるから、それだけでもいいわけだけれど、そこに少量の醬油を入れ——つまり、抹茶の色をこわさない程度の醬油を入れてまぜる。

また、たら子をほぐしたのを卵の黄身と醤油をかきまぜた中に入れて、化学調味料をふりかける。

かす漬のたら子には、大根おろしをそえたらいい。

数の子

数の子を水にもどして、それを斜めに薄く切り、酒と味醂の中に入れる。酒と味醂の味がしみこんだものを器に盛って、花がつおかおかかをその上にのっける。

筋　子

北海道でなら生鮭が手にはいるから何でもないけれど、東京近辺じゃあまり手に入らない。けれどもときどき魚屋にひと塩くらいの鮭の子だけ、経木にのせて売っている場合がある。小さなつぶつぶで上等なものではないけれど（たぶん鱒だろう）、たまには大粒の鮭の子もある。これは両方とも共通していいことになるけれど、鮭の場合には大粒のやつを袋をはがして、あの粒をバラバラにしちゃう。鱒の場合は庖丁でちょうど食いごろに切ってそれを醤油と酒、それにちょっぴり味醂を入れ、タブタブするくらいにつけて、二、三時間おいてたべる。もちろん翌日でも構わないけれど、あんまり塩辛くなるとまずくなる。

からすみ

からすみは、もとは輸入品だったが近ごろは日本でも、長崎県あたりでできる。ボラの子だが、形が中国の墨に似ているところから唐墨《からすみ》というわけ。

普通、料理屋では薄く切ってだすだけだけれど、日本ねぎを薄く、からすみの長さぐらいに切って、それをからすみの間にはさんでたべる。また、にんにくの好きな人は、にんにくを出刃の頭で砕いたのを適当にはさんでたべる。

たべる分量のからすみだけを切って日本酒を塗り、それを遠火で焦げないように焼き、これをまた薄く切って皿にのせる。

からすみをみじんに切って、味噌と焼酎を入れてかきまぜる。ちょっと得体の知れないものになる。これは日本酒よりは焼酎の方に余計あう。

魚のわた

わたといえば、あわびがいちばんだと思うが、戦後の食料難のとき魚屋から買った魚のわたは、どんなものでも捨てずに食べた。フライパンで、サラダオイルか胡麻油でいためて、それを塩で味つけをする。どんな魚でも、みんな夫々味が違うようにわたの味も全部違う。違うのが分るのは、味つけはどのわたも油と塩だけですませるからで、「かながらし」なら「かながらし」「鮟鱇《あんこう》」なら「鮟鱇」というようにみんな違った感じが出る。

それが何の魚のわただったかは忘れたが、油でいためたわたを食って家族の者が四、五人あたって弱ったことがあった。私だけはあたらなかったが。もっとも、初めて試食するということは一種の冒険なんだけれど、新しい試みに冒険はつきものだから仕方がない。

もっとわただけを探求実験してみれば、いろいろな、まあ知れ渡っているさんまや鮎のわたほどではないにしても、面白い味が発見できるんじゃないかと思う。

わたのついでに、鮟鱇の肝。肝の缶詰は普通どこでも買えるというわけではないが市販されている。缶詰をあけそのままたべても相当イケルんだけれど、それをフライパンに、オリーブ油なり、サラダオイルなりをたっぷり入れてそのなかに缶詰のわたを全部入れてそれを砕く。味付けは少しの醬油と塩と味醂と酒を入れる。においを消すためと、味を濃くするためだが、それでも少し鮟鱇のわたはにおいがする。そこで、庭に月桂樹でもあれば、その葉っぱをちぎってきて入れるとか、市販されているいろいろな香辛料を入れればいい。肝は鮟鱇のなかでの貴重品だが、鮟鱇そのものが安いのだから、肝の缶詰も高くない。栄養もあるし味もいい。

アンチョビ

アンチョビは缶詰のままでも、殊にピクニックの時などに相当イケル。缶詰に入っている油を利用して、フライパンでいためそれに然るべき好みの香料を入れると、缶詰のやつをそのままたべるよりはいくらか上等な気がする。また、玉ねぎをスライスしてたべるのもいい。

鹹魚《ハムイ》

横浜の中国の乾物屋を探すとあるんだけれど、魚の缶を切って、その一切れを焦げない程度に油であげる。この魚は幾分辛いけれども、味がこまかくて、ちょっぴりずつ箸でつまんでたべると、日本酒にも合う。

臘《ラプ》腸《チョン》

ついでにラプチョンという中国のソーセージみたいなものがあるが、これを蒸すなり、また油をひかずにフライパンで温ったためるなりしてそれを薄く輪切りにして日本ねぎか玉ねぎを薄く切ったのと一緒にやると、これも日本酒にも合う。（もっともこれら二つは、もともとはお粥に一番合うのだけれど）海のものではないけれど、これはおまけ——。

腐《フウ》乳《イユ》

もう一ついでに、日本酒に合うものとして腐乳がある。これは豆腐が材料だけれども、いわば中国産のカマンベールみたいなもので、洋酒にも合う。いまは缶詰になって市販されているが、以前はカメに入っていたものだ。そのカメはウチでは野菜類の一夜漬に使ったりしている。

あわび

すし屋では、あわびのわたをよく湯でゆがいて酒のつまみに出すけれど私は生のほうが好きだ。ところが生のあわびのわたというのは直接生きてるあわびを買わなければならないので、おいそれとは却々いかない。知合のすし屋から分けてもらうことにしている。生のままを四つぐらいに切って二杯酢でたべる。ただそれだけだけれど、重たいくらいトロウーッとしてじつにおいしい。色もキレイだ。二杯酢にするとあわびによって——食いものの関係で——黄色っぽいわたとかひじょうに緑が濃いわたとか、色が一匹々々違う。それがまた楽しみ。はじめはちょっと気持わるいような感じがするかもしれないけれど、けっしてあたらないし、たべつけるとゆがいたわたはボソボソしていて、それに味もコクもなくなってしまう。

あじ

小料理屋だと、あじの叩きというと、たいがいはみじんに切ったのを酢醤油で食べる、そんな具合だけれど、ウチでやるときはあれをもっと完全に砕いちゃって団子にする。玉ねぎをみじんに切ったやつと骨ごと出刃庖丁の峰で叩いたあじとを一緒にして、さらに叩いて小さな団子にする。それを冷蔵庫に入れ冷たくなったのを生醤油か二杯酢につけてたべる。玉ねぎの代りに紫蘇——赤紫蘇でも青紫蘇でもよいが、むしろ青紫蘇のほうが香りが高くてよい。味噌と紫蘇の葉と実がある場合は実も入れて、みんな一緒に叩いて小さな団子にする。この場合は醤油を使わずにそのままたべる。あじの代りに鰯団子にしてたべるのもいい。

するめ

するめをふきんできれいに拭き、長さ二センチくらいの短冊切りにする。生にんじんを、やはり二センチくらいの長さに細く切る。醬油と酒と味醂をまぜたものを丼に入れ、その中に短冊切りのするめと生にんじんを入れる。一日くらいたてばもうたべ始められるけれど、二、三日してからのほうが余計うまい。忘れていた。上等の板昆布を鋏で短冊切りにしたのを入れると、味全体にコクが出るし板昆布自体の味もよくなる。

ほや

ほやは宮城県から青森県に至る三陸の海岸で多くとれるもので、そっちの方に旅でもしなければたべられなかったけれども、近ごろではビニールの袋に入ったのが東京まで流れてくるようになった。

一般的なたべ方は、ほやの肉をとって酢洗いしたものに、胡瓜を添えてだすけれども、どうやらほやのうまさの半分はわたにあるような気がするので、自分はなるたけわたを残して、砂とか糞状のものだけをとるようにして、そのままたべる。生きのいいのが一つの条件なので、したがって東京で手にはいるほやは現地でたべるような味わいではない。あの一種独特な臭気も東京だとどうしても濁ってしまうようだ。ほやとなまこはグロテスクの双璧だが、味にはグロテスクさはまるでなく、むしろ清楚だ。

いかと鰹のしおから

これは、どっちも簡単に酒の肴になるものだけれど、デパートや乾物屋から買う瓶詰の塩辛は鰹にしろいかにしろどうもまずい。しかたないから、ウチでたべる場合はそれにいくらか加工して、めしや酒の肴にする。たとえば鰹の塩辛の場合、瓶から丼にうつしそれにレモンの汁をしぼり、パセリのみじん切りにしたのをまぶす。時にはレモンの代りにブランデーとか日本酒をたらしたり、時には味醂をまぜたりするが、塩辛の赤っぽさの中にみじんになったパセリの緑がまじっているのはみた目にもそうわるくない。パセリの代りに、柚子の皮のミジン切りを入れてもいい。

いかの塩辛のほうにはパセリのみじん切など入れないが、酒類と味醂を入れるとすこしは味にコクがでる。しかし、どっちみち大していただけるしろものではない。鰹の場合、土佐系統の酒盗なんかは、まあいいほうだ。

両方とも自分で作るにこしたことはない。知合いの魚屋から一匹分わたをもらってくればたんまりある。それをきれいに水洗いして、比較的早くたべたい場合には、然るべき寸法に長ばさみで切り、酒と、あるいはウイスキーと塩と、あるいはすこしの味醂を入れて、それに柚子があれば、皮を全体に香りがつくくらいの程度にきざんで入れる。それを密封しておき、一週間たってかきまぜたとき、わたの赤味が白っぽくなっていればもうたべてもいい。

長く保存するときには、はさみで切らず、まるごとのまま、同じような調味料で作ったのを二、三カ月密封しておく。(但しこの場合は柚子の皮などは使わない。いくらか苦が味がつくからである。)

たべるときには、お菜箸でそのどってりしたのを持ち上げてはさみでそのときの食膳に出すだけの分量を切りとって、残りをまた容器にもどして密封しておく。

いかのわたは、これも魚屋でほとんどただなので、週刊誌か何かと交換して、生きのいいのをたんまりもらってくる。それを皮をほぐして、酒と塩でかきまぜる。それにレモンの汁をちょっとたらすぐらいでもうたべられる。つくってから二時間もたてばいい。いわゆる塩辛にする場合は、生きのいいいかを細身に切ったのをそのわたのドロドロの中に入れる。味付けは同じ。もともとわたそのものの味が、すごくコクがあるので、大してつくり方に気をくばる必要もない。

にしん

キャベツのせん切りと、生きのいいにしんの角切りを酢漬けにする。

酢漬けといえば、塩引きの鮭の頭を、特にその鼻の近辺の軟骨を薄切りにしたのを、玉ねぎの薄い輪切りと一緒に酢漬けにする。早業でできるので便利だ。

海　草

海のものでのどんじりとして海草をあげておく。テングサでも、何でもいい。大体海草類は茸などとは違って人を死なせるような毒ものはないようだから、夏海へ行ったときなど、磯にひっついている小さな海草類を片っぱしから生で味見してみるのも面白いだろう。そのときは、ただ生醬油をつけてたべれば、いやそのほうがかえって新鮮な海の香がして、胃袋の中まで香でいっぱいになる。

水筒のキャップに俄かづくりの二杯酢を入れて、それに新鮮な緑やくれないのを一寸ひたして……悪くない気持がするが、どんなものだろうか。

ずい分と脱線したようだから、この辺で山の空気をすいに山登りといこう。

山の音

山ですぐ思い出すのはいわゆる山菜というやつで、しどけ、しおで、みず、ぜんまい、わらび、たらぼうなど、わんさあるが、これらは酒の肴というよりはどっちかというとお惣菜の部に入るものだろう。

山菜といえば五月である。自分の旅のなかの「五月の旅」を思い出してみたら案外すくない。それでも東北と北陸と山陰に行ったことを思い出した。殊に東北へはかなり度々「五月の旅」をした。

みちのくの五月の旅にはなんとなく山菜がつきものになってるかのように、山菜も大分一般化されてきた。東京にも五月になればみちのくの山菜類を出す飲み屋もでてきた。けれど東北に生れ故郷をもってる人たちは、東京では鮮度がだめになるからホントの山菜は味わえないと、これも同じようなことをいう。その通りにはちがいないが、ともかく五月旅と山菜は、近年都会人の耳にもひどく耳なれた代物になってきた。蕗《ふき》のとうなどにはじまる山菜は五月から六月にかけてもりあがる。緯度や高度などのちがいから大体二タ月に亘るわけだが、普通山菜の盛りといえばやっぱり五月だ。

ところで、山菜の旅で一寸思いがけなく印象にのこっているのは山菜弁当である。何年まえだったか岩手の花巻在の高村光太郎の山荘で「雪白く積めり」の詩碑の除幕式があったとき山菜べんとうが出たのには驚いた。惣菜兼酒の肴だった。それにガラス瓶の二合の地酒。部落の消防夫たちが黒と赤との縞の制服を着たり、おかみさん達は手拭の頬かぶり、十数人の小学生の上手でない楽器が鳴り渡ったりした。また、遠くの部落から踊り子たちもやってきていた。あやめ色の五月の空の下の野天の宴、綿飴やキャンデー売りの旗がそよ風になびいたりして、それはブリューゲルの絵を、日本に移した構図だった。やはり同じ東北に小岩井農場というのがある。初めて小岩井へ行ったのは、宮沢賢治の死んだ年だったから三十数年も前のことだが、それから何度このエキゾチック農場をたずねたことだろう。四、五回はたしかに行っている。月寒その他、大体種畜場とか牧場とかは胸がふくれる思いの広々とした美しい風景を展開するが、小岩井がなんといっても大仕掛けである。

いまは禁猟区になっているので、農場の中のあちこちの林では色んな鳥が囀っているが、元はといえば樹木などないただ茫漠とした谷地だった。それがいまでは職員の子供たちの小学校があったり、ガラスビン入りのとびきり上等のバターが売出されたりしている。小岩井での見ものの一つはホルスタインの種牛だろう。岩手山麓に近い農場の一番奥まった地帯に、ホルスタインの牛舎やサイロがあるが散歩に連れだされた種牛たちはまるで地球で一等の豪族ででもあるかのように、桜の花の花吹雪を浴びながらノシている。

ところで蓼科に近い長野県の種畜場にもホルスタインはいるが、小岩井ほど豪族ではない。それでもスロープに寝そべって草を食んでるその遥か向うには八ケ岳の群峰がガラス雪を光らして並んでいる。

山菜から五月の旅に出てしまったが、ついでにもうすこし。蔵王の宮城県側山麓の温泉渡りをしたことがあった。作並からはじまって峩々《がが》や鎌先、小原とまわった。普通の宿について山菜ももちろんでたが、年に一度のめぐりあわせとはいえ、毎日、朝夕と山菜ずくめであきがくる。ただその間に、どこの宿屋のことだったか、ホヤと三陸の松藻が出たのはうれしかった。

ホヤは宿屋などではワタをすぐりぬいての二杯酢なので、私はナマのものを自分流に勝手に料理するのが実は好きなのだが、それでもあのブルーチーズより濃いシュンとくる臭気はいい。東京で買えるのはカン詰ものでナマものには到底味も匂いも及ばないが、それでもナマものをなつかしがらせる位の代物であることはたしかだ。二杯酢ならむしろ松藻の方がいけるかもしれない。

二本松の霞ケ城の光太郎詩碑の除幕式も五月だった。この碑の設計には私も参与したので、岩手のと同じように出掛けていったが、石垣の下の広場の牡丹園が見事だった。

詩碑をめぐる林ではカッコウが鳴き、西方遥かに阿多々羅山の群れが煙っていた。「あの光るのが阿武隈川」と高村さんがうたった阿武隈川が、この城趾から南に眺められるが、その源流は日光国立公園の山深くで、そこに甲子温泉がある。五月だったが、まだ雪がのこっていた。そこのセルリアンブルーの流れにおおいかぶさるように山桜が満開だった。

山菜は五月、その五月から五月の旅へと本題から大分それたようであるから、この辺で本題にもどろう。

私は蓼科高原で暮すことが多いが、ここでも山菜は食べられる。山菜ばかりでない。七月頃となれば、野ばら、むらさきつゆくさ、それからあざみ、高山植物のキバナシャクナゲが卓子の上のコップに美しい花をさかせる。時々野ばらの匂いやあざみの紫をバターパンの間にはさんで食べる。シャクナゲの花びらも失敬する。ここらで、本当に本題に入ろう。

山菜の中での王さまはたらぼうだと思う。これはじつは、ずいぶん残酷な話で、タラの新芽をもぎとるのだが、芽はひと枝に一つしか出ない。これをもぎとるので、枯れてしまうタラの木がずいぶんある。タラの芽には小さなとげがついているが、それが舌にふれても痛くない程度の新芽のころにとってしまう。大人になると始末に負えないほど痛いわけだが、新芽のときはかすかにくすぐられるくらいな刺激があって、それがかえって食欲をそそってくれる。

たべ方は、天ぷらにしたり、ゆでて胡麻和えにする。ほかの山菜にくらべてだんだん少なくなり、もうすこしたつと山の貴重品になるだろう。

こけもも

高山植物の中ではこけももの実の塩漬が、南天の実のような鮮やかな赤に漬かり、たらぼうなどの味わいはないけれども、里の梅漬といくらか共通した味わいがあって、小さいそのつぶつぶを箸につまんで放りこむと、何となく山の気配が口の中にたち上るような気持になる。

山うど

山うどは畑の白いうどにくらべると、香気がまるで違う。これなどはあまり加工せずに、ぶつ切りか、斜めに切って、生味噌でたべたほうがいいような気がする。味噌はせいぜい味醂と酒でゆるめるくらいがいいんじゃないか――。

山芋

山芋は畑で栽培されるリュウマチの手のひらみたいなしろものにくらべると、腰が強く味も格別だ。これを生のまま、皮をむき薄切りにして二杯酢でたべるのがいちばん簡単だが、味噌汁を出汁にして、とろろ汁を作るのもまたいい。

たけの子

根まがり竹の細い筍《たけのこ》を高野豆腐と甘辛く煮るのもいいが、塩ゆでしてフレンチドレッシングなんかをかけたのもいただける。孟宗や真竹とはまた別な味わいがある。けもの道の傍らに出てたりする。山特有の香りがあるといったらすこしオーバーになりすぎるかな。

あけび

あけびの実はちょっとヨーグルトみたいなところがあるが、あの半透明な白い間にレモンの汁をおとすとちょっといただける。

それよりも、実を平らげたあと、パックリあいた皮の中に好みの具をまぶした味噌をつめこみ、糸でしばって、ごはん蒸しの中に入れて蒸してもいいし、サラダオイルで揚げて輪切りにしたのは、その皮が甘さと苦さが入りまじっていいものだ。

私が、これを実験したのは蓼科の山小屋だったが、これを書いていて思い出したことが一つある。それはにんにくのよろず漬だ。東京にいると、ついあの強烈なにおいで遠慮し勝ちになるが、蓼科での独り暮しにはこんなことは平ちゃらなので、にんにくの皮をむいたのをこの粒ごといろいろなものに漬けてみた。たとえば醬油、味噌、トマトケチャップ、酒、塩、それからそれらを適度にまぜたものへ――。佃煮の海苔の空ビンとか、缶詰の空缶とかに入れ密封して――あのときは三カ月ほど自炊生活をしていたので、引揚げのころにたべてみたら、それぞれ別な味がして、面白かった。いちばん無難だったのは醬油漬けで、象牙色だったにんにくは、いつのまにかべっ甲色に光って、そのカリカリの歯ごたえと、醬油の浸みこんだ異様な味が、ちっとも異様ではなく、じつにうまかった。(にんにくの皮をむかずに、醬油八分酒二分位の割のなかに、一年位漬けておいたらさぞいいだろうと思う。)

きのこ

じこんぼうという茸がある。乳白のまん円い小さな茸だが、これを最初に食ったのは慈光という戸隠の坊さんだったらしい。そのまえは土地の人は誰も食わなかったが、その坊さんが初めて試食したことからなまった「じこんぼう」がその茸の名前になったらしい。いわば一種のニックネームだ。どんなものでも誰かが最初に試食して、これが毒でないということがわかって一般に普及するのだろうが、どうも私は茸にはヨワイ。でも初茸とか、しめじとか、岩茸とか、あみたけとか、笹茸とか、そんな一般に通じているものならたべるけれども、目の覚めるような紅色に黄色い点々のついたシャッポなどを見ると辟易してしまう。どうもぼくは「じこんぼう」の慈光坊さんの亜流にはなれないらしい。

野のうた

野というよりは、むしろ高原に近い話からはじめよう。一挙に野に下ることもあるまい。

声帯をこわしたのを治すためと、ある仕事をしなければならないのと、その二つとで、ある年、蓼科高原に行ったことがある。濃いコバルトに白い雪の縦縞をながして木曽の御嶽が見えた。

散歩の帰りの、ゆるやかな独り道、すずらんやあやめ、小梨の白い盛りあがりは満開をすぎていたがレンゲツツジは方々に朱い炎をあげていた。私はそれらの一つずつを失敬して持ってきた。そして食卓の上において自炊にとりかかろうとした。これは私のいけないところだが、ふと庭におりて、庭といっても林だが、私はそこから唐松と赤松の新芽、羊歯《しだ》や萩や野ぶどうや白樺やツツジの若い葉っぱをちぎってきた。そしてそれらをフライパンでバターいためにしてパンの間にはさんでたべた。それらの味を一々報告するためにはまだまだ時間は浅いが全体にオイルでからあげした方がよさそうである。

白樺の葉っぱはかたすぎたし唐松と赤松の新芽ときたら、ヤニの匂いが口いっぱいに霞のようにひろがるのである。結局やはり味そのものでは、にんにくのバターあげにこすものはなかった。それにつづくのがツツジだった。

ところで流石にあやめとレンゲツツジの花は、フライパンに投げこんでその色を哀れなものにしたくなかった。私はバターとマーマレードを二つのパンにぬって、その間に紫と朱の花びらをちぎってはさんだ。その歯切れの音がなんとも言えず清潔である。二色では少しあくどいので今度はバターにあやめの紫だけにした。耳にはエゾハルゼミ、口には花、目には遥かな雪の縦縞。すずらんはにおいだけで葉も花も魅力がない。葉も松とちがって松より下品なにがさが浮んでくる。花のかたちは可愛いが、色が、これもにんにくと比べると品がない。

独りでいるということは便利なこともあるので、糠漬けに入れようと思って買ってきたにんにくをここでなら大っぴらに食えるだろうとバターで炒めて食べる。それだけでは気が納らないので塩と味噌と醤油とケチャップと四種類漬けてみた。（これは前項でちょっと触れたが）どんなものが出来ることか、半年くらい我慢してそのままにしておけば、相当コクのあるものになるだろう、などと思ってる途端に、ああ酒、酒に漬けるのがおそらくは一番いいはずなのにと思い当った。当ったけれども酒が一滴もなかった。

酒とにんにくが出たところで、野にくだろう。

わさび

わさびの根を薄く切り（別にわさびをおろしてわさび醤油を作って）その薄切りのわさび「刺身」をわさび醤油をつけてたべる。薄く切ったのはちっとも辛さがない。さっぱりして、あくどいものを食ったあとはよろしい。

葉っぱのほうは、三センチくらいに切って、おひたしにし、二杯酢あるいは三杯酢、あるいは醤油、好みによって、どれをやってもいい。

野生のわさびでもいいが、ただこの場合は根が小さくて葉っぱのほうが大きいから、葉っぱを大いに利用すること。また根の薄切りと生の葉っぱの一センチ切りを一緒に、コップに入れて醤油漬けにする。

これはむしろ一、二時間の即席ものとして利用する。鰹節を削ったのをわさびのおろしたのとまぜて、それにウイスキーを一滴おとす。ウイスキーとわさびは異質のようだけれど、一種変った味が出て、これもちょっとイケる。

のびる

生ののびるに味噌をつけるのはいちばん原始的なたべ方だが、のびるの球と茎と一緒にして油でいためる。味つけは味噌と砂糖。

これは強火でいためるので、茎のほうはすぐ焦げつきやすいから、球を先にいため、適度にいたまったところに葉っぱを入れる。そうすると緑があざやかでいい。

私のうちの近くにはまだのびるが田圃の畔にたくさん出るので、それを一年じゅう食うために、ウチでは、のびるを畑に移植している。

蕗のとう

蕗のとうはゆでて酢味噌をつけるのもいいが、生のまますり鉢にいれてすりこぎですり、それを味噌と味醂、砂糖で和える。

また水でよく洗い、外側の葉をとって、ふきんでよく拭き、サラダオイルでカラッと揚げたのを生醤油でたべる。この際むしろ、おつゆなどを使わずに、生醤油をちょっぴりつけてたべるのがよい。またはゆでたものを、擂鉢ですった甘辛の豆腐と和える。化けもののような秋田蕗は番外として、普通野生の蕗は細身である。

茎はウスクチと砂糖で薄味に煮、葉っぱは適当にきざんで、生醤油で煮る。煮上る一寸前におかかを思いきりふんだんに入れてかきまぜる。

つくし

普通はよく土筆《つくし》は頭をとってやるけれどもウチではとらずに、袴だけとって、おひたしにして二杯酢でたべる。

またサラッと油で揚げるのもいいし、佃煮にして長持ちさせるのもいい。

田　芹

田芹はゆでて胡麻和えは普通だが、結局ウチではこの普通なのをいちばん好んでやっている。野生のは八百屋に売っているものなどより背が低くて、においが強く、あくも強いが、あのほうが好きだ。田圃で下ごしらえするほうがあとの面倒がない。

水芹は軽い簡単な圧しで塩漬にして、三センチぐらいに切ったのを揃えて皿に盛ると、きれいだし、芹の香気と味がさっぱりしていい。

ほうき草

ほうき草の葉はこまかくて面倒だけれども、年寄のいるうちなんかはリクリエーション代りに小さいのをちぎってもらっておひたしにするといい。味はほうれん草よりはずっと高級だ。

ほうき草の実は、簡単にゆでて水洗いし、仮りに一握りの実の分量だとすれば、それに二センチぐらいの厚さの大根の味噌漬をみじんに切ったのをまぶす。また別に二杯酢にしてもよろしい。

これを客に出すときには、もし、この材料が当ったら二千円出すと、何回も試したけれどまだ当った人は一人もいない。たいがいは魚の卵かなにかと思ってしまう。キャビアの歯ごたえのプスッという感じに人はみんな迷わされてしまう。味は珍味の部類に属するだろう。

ぎんなん

ぎんなんは殻ごとフライパンでいるが、殻がとばないように、線に沿ってコンとやってすこし隙間を作っておいてからいる。そして皮をとり去り、それに酒で溶いた粒うにをからめる。いりすぎると黄色くなるから緑色になったときのほうがいい。

殻のままいったぎんなんを、殻をとり、軽くつぶし、水と酒と醬油、味醂を適度にまぜたものの中に一晩漬けておく。

オクラ

近くの百姓家へ地卵を買いに行ったら、その家の裏手のひん曲ったバケツの中にオクラが一本生えていた。珍しいので「オクラがありますね」というと、婦人会から種を分けてくれたのだという。名前も知らない、私はたべ方も知らない、持って行ってたべてくれといわれた。そこで簡単なたべ方を教えて、酒の肴にいいですよといってきたが……。

ウチではさっとゆでて、おろし金でおろしてとろろにする。それを二杯酢でたべる。

いちばん簡単なのは、さっとゆでて輪切りにして、醬油か二杯酢でたべる。オクラは近ごろいくらでも売っている、安いものだ。この花は薄い黄色で、形はベニアオイの花に似ている。観賞用にしたって悪くない。

かぶ

形のいいかぶをきれいに洗って、頭のところを縦横にこまかく庖丁で筋を入れて酢漬けにする。皿に盛るとき、なんばん（赤唐がらし）をこまかく切って上にのせる。

水のほとり

いもりも、やもりも私はきらいだ。

学生時代の一時期を、私はいやでも応でもやもりと一緒に暮さなければならなかった。広州で大学生のときだったが、毎年雨期から夏にかけて寄宿舎の壁に息づいている半透明な灰色のやもりを見るとゾッとした。それを殺せばいなくなるか、すくなくとも数はへったにちがいないが、私はそれを殺すのがこわかった。やもりは蚊をたべる。

窓には蚊よけの金網が張ってあったのだが、それでもドアのあけたてなどに二匹か三匹の蚊がはいり、それをやもりは待機している。蚊のシーズンオフまでは私はノイローゼのまま、やもりと同居しなければならなかった。

いもりもいやだ。あの腹のザラザラした、そしてあの鮮明な赤は不気味だ。モリアオガエルは周知のように、木の枝や葉っぱに電気飴状の卵を生みつけるが、そのなかで生長したおたまじゃくしは、そこから下の沼におちて一本立ちになる。この天然記念物は阿武隈山系の平伏沼にもいるが、そこにはいもり共が相当いて、泳ぎだしたおたまじゃくしを食いちらす。それだけを考えても、私はいもりをにくむ。ところで山椒魚だが、これはいもりの親戚である。どこかいもりに輪をかけたグロテスクな豪族である。その山椒魚を食べたんだから、私もどうかしている。

七、八年も前のことだったろう。画家や詩人の連中数人と奥日光の手白沢にいったことがある。川治からはいり、帰りは野沢峠を越えて丸沼にでて東京にまいもどった。手白沢にしろ加仁湯にしろ、温泉宿は夫々一軒しかない。鬼怒川の川っぷちには、あったかい湯がぷくぷく沸きあがっているところもあり、そんな近くには沢蟹が沢山いた。それを洗面器にいっぱい採ってきてカラ揚げにして食べたがおいしかった。

ところで山椒魚だが、私たちは小半日鬼怒の支流新助沢に岩魚釣りにでかけた。（Y氏は熊を撃つんだなどと軽はずみの豪語をしながら、宿屋から鉄砲を借りて一緒に沢をのぼっていったが、ようやく見つかった野兎を狙ったときには、もう何処へ行ったか判らず、だから彼にとっては鉄砲とはただもって歩くものにすぎなかった。）

なにしろ男女合せて八人が一本の竿を廻し持ちしてという具合なのだから、釣などとは言えない。物見遊山の釣りなどとも言えない。そのようにズブの素人だから、実は余計に、たった一匹でも一番最初に釣りあげたいのが、殊更女人の人情とも言うべきか。それがT氏夫人によって実現した。

「あッあッ心平さん、早く早くシャシン」私がシャッターを切ったと殆んど同時に、岩魚はもんどり打って元の小淵にもぐってしまった。

いずれこっちが凄えのを釣ってやろうと、私は小さな石をぐらつかせては川虫を探していた。とそのとき、薬指ほどの長さの山椒魚が、もちゃげた石の下にいた。私はそれを掌の上にのっけたがふいと口の中にほうりこんだ。(喉仏のところをよじれるように降りてゆくその感触を、私はまだ憶えている。)いもり、山椒魚などイヤな標本みたいなものを、何故呑んだのか、その理由は判らない。ただそれが、大人のグロテスク以前の容姿であったことだけは、私の名誉のためにも、慥《たし》かである。干物になったニッコウサンショウウオたちは、南会津の檜枝岐《ひのえまた》から売りだされているが、これは完全な酒の肴であり、私の愛好物の一つである。ちっとも気持ち悪くなぞない。生と死とは、成るほど、こんなところでも、ガラッとちがうものだろうか。

とにかく、水のほとりは私にとって若さの象徴のような気がする。

蓮根

蓮根のいいところ、ふっくらした太鼓《たいこ》をみじんに切って、豚のひき肉とまぜ合わして、それを醤油と胡麻で味つけして、団子にする。それに卵とメリケン粉をまぜたのを衣にして、こんがり狐色になるよう油で揚げる。醤油でもソースでも好みのものでたべる。

くわい

くわいは灰の中にあのまま入れて焼く。まずよく洗って、そのまま灰の中へ、あの取っ手だけ出して入れる。そして取っ手を指でつまんで灰の中からとり出して、塩または醤油でたべるが、ホッコラしてうまい。囲炉裏に入れたりするが、煉炭火鉢の終りそうになったときの灰がいちばんいい。中国では地栗《チィリィ》と呼んでいるが味は正にその感じだ。

くわいをすって団子にして、卵とメリケン粉をつなぎにしてからめて揚げる。これも醤油でも塩でも、好みでいいわけだ。

にんにく

にんにくを灰の中で焼いて、それを塩か醤油をつけてたべるんだけれど、にんにくの味自体が高級なコクのあるものなんで、別に大して手を加えなくてもいい。生のにんにくにくらべると、例の臭気がずっと少なくなる。

またにんにくを薄切りに切って、牛鍋にオリーブ油をひいて、その上に並べて、次々と両面キツネ色に焦げたのを食卓塩をちょっぴりつけてたべる。これは独酌のとき、自分でいためながら、熱いやつを杯のあいまにたべると具合がいい。ちょうどポテトチップスのあの感じだった。そして味はチップスなんかそばにも寄れない。

じゅん菜

じゅん菜のふるさとは沼だけれど、蓮のように泥田ではない。わりあいに澄んでいる水を好むようだ。葉っぱは水蓮そっくりで、水面に並んだ葉っぱをそのまま写せば、美人のきものの図案になりそうな代物。大きなタライに乗って柄長の鎌で根元の方から刈りとるのだが、引上げられた茎についている小さな葉っぱは半透明にツルツル光って美しい。ぼくたちが使うのは、都会地ではまずビン詰ということになるが、ウチではわさび醬油にかきまぜたのを小皿に盛る。

春の七草

春の七草をはじめ、野原のものは大体はみんな食えそうだが、酒の肴としてはたんぽぽや、やぶかんぞうがいいようだ。両方ともゆでて、豆腐和えがその性に合うが、いちばん簡単なのはゆでたのを適当に切っての二杯酢あたりだろう。さっぱりしているから味に案外コクがあり、その上目の覚めるような緑の新鮮さがいい。

沢蟹

うなぎ屋と懇意な人は、使ったあとのうなぎやどじょうの骨をもらってくるといい。それをこんがり金網で焼いて、かば焼のたれをつけてたべると芳ばしい。ときにはそれをすり鉢でこづいて、みじんになったのを味つけして以前私は沢蟹に食わしたことがある。どういうわけかその骨の叩きは沢蟹の大好物らしい。指でつまんで口先へもっていくと、争うようによくたべたものだ。いくらか酷な話だけども、骨で養った沢蟹を同じすり鉢でくずしてがん漬にする。がん漬にするよりも、思いきって目をつぶって生で食うのがいちばんうまい。そのときはまず、子がにの背中を指ではさんで、こっちをはさもうとして開いているはさみを（二本のはさみの大きい方を先に）歯でくいちぎり、それからゆっくり全部たべる。別に何もつけない。ジストマを心配な方は、たべたあとクレオソートでものめば安心だ。

生の沢蟹で思いだしたことがある。ある年の夏、某美術雑誌の主催で夏期講座を軽井沢でやるから臨時の講師になってみないか一回でいいのだからという誘いを受け、また殆んど同時にYという出版社の社長の別荘に来ないかという誘いもうけた。これも軽井沢にある。

ひどい暑さだったので私は両方の好意に甘える気持ちになった。某美術雑誌にしてみれば、とうに宣伝ポスターも出来たあとで、それには私の名前などははいっていないし、第一赤字の見透しも立派についている程だから、とびいりの講師なんか頼まれてもいやなところだろうから、わざわざ私を誘ったのは矢張り好意に属することからだった。

軽井沢の別荘に泊った翌る日私も講師の画家や聴講生などと一緒に碓氷峠にスケッチに行った。みんな油で浅間を描いていたが、私はちっちゃいノートに主に雲をかいた。なんとかいう茶屋兼宿屋で昼めしをたべひるねをし、また午後から峠で午前の仕事の連続をやり、帰りは、バスにのらずに近道の山径を軽井沢まで降りていった。

水楢やかえでやトチや鬼ぐるみなどの林の落合いに岩魚のいそうな川が流れている。沢蟹もいるな、と思った。小さな石をどけてみると、案の定、ちょっとしたにごりのなかを沢蟹の子が横ばいしている。おとなの蟹もいた。先ずハサミを歯でかみきり、あとはただ食べるだけだった。

沢蟹のカラあげとか塩とか、その他加工品は色々たべたが、生のを丸ごと食べたのはその時がはじめてだった。新鮮さが口のなかでもやになるような、そして変に高貴な味わいだった。

生の蟹で思い出したが、車えびや、日本海でとれる桜えび（弁慶えびともいう）なども、生がいちばんうまいように私は思う。車えびをゆでてマヨネーズをかけるのなんかは、鯛のさしみをゆでて食うようなものだ。

桜えびは、一名甘えびともいうらしいが、車えびや桜えびの生の甘さはたとえようがない。

日本料理の重要な特長は生きのいいネタを生のままで食うことだが、高級なえび、しかも横綱格の車えびをゆで上げたのでは本末転倒になりはしないか。

家の中

東京の街へ出ない夜は、自分の家で独りでのむ。たまにはビールも飲まないこともないが、日本酒やウイスキーのことの方が多い。

肴として、地方の名産や凝ったものではなく、近くの魚屋とか八百屋から買える安ものを自分で手軽につくれるものとして——先ず夏につくっておいたかつおといかの塩辛が手頃。かつおの方は丸ごとつけたのを鋏で切って小皿に盛る。いかの方は身をつかわずにワタだけ酒漬けにしたのをこれも小皿に入れかえて。この頃は生ま鮭が出廻るようになったので、その卵を醬油と味噌につける。三時間位すぎると食べられる。鱈の干物を水でもどし、焼いてちぎり、サラダオイルでいため七味をふりかけたもの。梅干とワサビをこねあわしたもの。コンニャクとニンジンを薄味で煮たものを甘辛摺り豆腐であえたもの。山芋の千切りを二杯酢にしたもの。ヒビの入ったような秋茄子を三日程味噌につけたもの。紫蘇の実や柚子のいろいろ。一塩の鮭の軟骨。等、等。ともかく各論にはいろう。

梅

梅酒と梅干は日本人の発明した第一級品だが、梅干はそのままだと酒の肴にはナマすぎる——あら塩も酒に合うけれども、酒の肴とはいえないような味で（もっとも岩塩を細くくだいてフライパンでほんのり焼いたものはあれは立派な酒の肴）私がよくやるのは、梅干の肉をほぐしてわさびのすったのとまぜる。分量は半々くらいに、梅の肉とわさびをまぜて、ねっとりするくらいまでかきまぜる。梅干がすこし黄色くなるくらいまで。これはほんのちょっとつまんでたべる。

花がつおではない、かいた「おかか」と梅の肉をやっぱりまぜて、少量の醬油をたらしてまぜ合せたものもよい。

葛を熱湯で溶かし、透明になるまで練ってその中に赤梅（梅干ではなく）の固いのを、おろし金で卸し、これをその葛湯の中へ入れて、さらにその中へうどのみじん切りか、もしなければセロリーのみじん切りを入れてかきまぜる。それを冷蔵庫で冷やして冷たくなったのを皿に盛る。セロリーやうどを入れなくても、赤梅と葛湯だけのものもいいし、入れたのはまた別な香りがあって面白い。

柚子

堀口大学さんの庭には大きな柚子の木があるそうだが、杯に山椒の葉をひと切れいれて飲むのが好きらしい堀口さんのことだから、こんなことは先刻ご承知だと思うが、もしもまだ試していられないようだったらこんなのはどうだろう。柚子を三分の二くらいに切って中の実をとり出し、そこへしょうがやみかんの皮などをみじんに切ったのと味噌をまぜ合したものを入れて、さかさにして金網で焼く。それを少しずつつまんで肴にする。柚子の皮の香りがよくしみこむ。

またはぐい飲みくらいの大きさの容れものに――自分の好みの白味噌と赤味噌をまぜた中に、台所にある何でも、自分の好みの具をみじんに切ってまぜて、そのぐい飲みの容れものの中に入れ、それをさかさにして焼く、上の方がカラカラになって、すこし焦げ加減がいい。上の方を食べたら、また金網であぶって、つまみながら飲む。

最も簡単なのは、味噌桶の中に柚子のまるごと入れて二、三カ月そのままにしておき、それを薄切にしたものもまた乙。

すだちはやったことないけれども、味噌の中へ放りこんでおいて、思い出したころとり出して試してみるのも案外面白いかもしれない。

納豆

山形、宮城にある納豆を、そのまま用いても結構イケルが、それよりも、普通の納豆を卵の黄身でとかして——納豆一個に卵一個の割りでまぜて、塩で味つけしておき、それを二、三日後にたべると、納豆自身ひからびずに、全体がねっとりした異様なものになる。つまむようにしてたべるが、やっぱりその中にねぎまたは玉ねぎのみじん切りを入れるとか、海苔を細かく切って入れるとかする。但し辛子をとく場合には、容器に熱湯を少し入れてそこで辛子をかきまわしてから、納豆や卵黄を入れてかきまぜた方がよい。

普通の納豆をすり鉢にいれ、すりこぎで半叩きし、その中にいかの生の細身を入れてかきまぜる。そのまま食べてもいいが、これは二、三日おくというのがミソ。

油　揚

うす揚を開いて、その中にねぎをそぎ切りにして（鴨南ばんに入っているような切り方）入れて焼く。これを熱いうちに醤油をたらしてたべる。

厚揚げを、腹を切ってその中に適度に白味噌を入れて焼く。焼き上ったら短冊に切って熱いうちにたべる。

豆　腐

豆腐をすり鉢ですり、それを砂糖と醤油で甘辛く味つけして、その中にさっとゆでた人参をせん切りにしてまぶす。この人参は半煮えで、パリパリと音の出るくらいのがよい。

日暮里の笹の雪とか小石川の五右衛門、向島の某？とか、豆腐を主にした小料理店では色んな豆腐の酒の肴向きのものを出すが、豆腐の好きな人はそれらの店へ行って、一つか二つつくり方を伝授してもらい自分でためしてみたらどうだろう。

ところでウチで呼んでいる細雪というのは玉葱をミジン切りしたのを、フキンにのっけてゴシゴシしばり、ややねっとりしたのを味の素と酢醤油で食う。玉葱のミジンが白く光るので、細雪。

紫蘇の実をほぐして、あく出しして、お酒と醬油と味噌で煮る。煮上ったときはからいりのように、汁がなくカラカラになるぐらいに仕上げる。

しょうが・みょうが

新しょうがと茗荷をみじんに切って、一緒に酢漬けにする。両方のにおいがまじり合ってさわやかな味がする上に青紫蘇をみじんに切ってパッとかければ、色彩的にもまたさわやか。

ひなどりの皮を蒸してそれをせん切りにして、椎茸と晒しねぎと一緒にオリーブ油でさっといためる。味は塩味にする。

豚の部分で一番安いスジを水加減を多くして、とろ火で永いこと煮る。にんにくの叩いたのを少し入れる。スジがとろとろになった頃合いにバットに移して冷蔵庫に入れておくと、ニコゴリのようになる。それをナイフで碁盤目型にきりとって皿に盛る。味付けは塩と化学調味料だけで結構。

大根と人参を大体同じくらいの大きさに角に切り、それを醬油と味醂とお酒をまぜ合した中へ浸しておく。二日くらいでたべられる。できれば黒い器に赤と白と並べて盛るようにする。

わが酒

酒と盃

酒器展を見た（日本橋白木屋）。おもに日本と中国と朝鮮の酒器だが、この展覧会を見ながら私が考えていたことは、どの徳利や銚子《ちょうし》にはいっている酒を、どの盃《さかずき》で飲んだらうまいだろうかということだった。ただひどく残念だったことは、以前ソウル（京城）などで朝鮮の酒を飲んだことはあったはずなのだが、その印象がまるっきり残っていない。そのため朝鮮の酒器類は具体感が伴わず、古美術としてながめただけだった。日本の場合考えられるのはやはり日本酒の上もの、中国の場合だと老酒の上ものということになる。また酒器によってはどぶろくや白乾児が思いだされる。

日本酒は玉露に似ている。春の空間に音なくひらくゼンマイの新芽のまろやかさ。そんなまろみで舌の上をとろけるようにすべる。老酒は福建産の鉄観音、番茶の原型のようにさっぱりしているが高貴でコクが深い。

宋の青磁に手ごろな美しい盃があった。老酒をたっぷり注いで二息くらいに飲んだら、さぞかしうまいだろうと思った。月夜なら油滴の天目盃《てんもくはい》、その黒光りする大形の盃なら夜の庭でのむべきだろう。けれども同じ中国のものでも、私はたとえば万暦赤絵耳付盃《ばんれきあかえみみつきはい》とか嘉靖緑釉竜絵盃《かせいりょくちゅうりゅうえはい》などでは飲みたくない。また古染付桃型盃《こそめつきももがたはい》というような変に凝ったコマシャクレた盃でものみたくない。嘉靖金欄手盛鉴瓶《かせいきんらんてもりさんぺい》には「重要文化財」と格付けの朱書が添えてあったが、どうしてそれが重要文化財なのか私などにはわからなかった。持ち手のところに丸型の飾りがついているのだが、どうしてそれがつかなければならないのか、私には納得できない。とりえとすれば朱と金の色合いだけのような気がする。こんなのよりは冷たそうだが堂々とした殷爵《いんしゃく》でガブのみしたい。

朝鮮のものでは鶏竜山の二つの徳利がよかったし、大体扁壺《へんこ》や徳利にいいものがあったが、これといって飲みたい盃は一つもなかった。

私はこうした焼き物には全く無知で、日本のものでは柿右衛門の作品など初めて見たのだが、見て私はびっくりした。これがそんなに有名でかつは名作なのだろうかと、考えこんでしまったほどである。柿右衛門のは色絵扁壺と台付きの盃があったが、そんな盃でのんだら酒の味も落ちやしないかと私には思えた。

とびきり小さい古瀬戸の盃が一つあった。茶っぽい色の盃だったが盃底にソラマメの花を連想させるようなぽってりした黒色がしずんでるかわいい盃だった。紫式部にでも進呈したいようなしろものだった。大型のものでは高取上畑窯《たかとりかみはたよう》のぐい呑《のみ》とか唐津山瀬《からつのやませ》窯盃《がまのさかずき》などがいいと思った。古九谷の徳利はいくつかあったが感心したものは一つもなかった。むしろつまらないものばかりだった。

銚子では呉州《ごす》赤絵《あかえ》蓮葉《れんよう》蓋付《ふたつき》銚子《ちょうし》と紅毛《あかげ》獅摘蓋《じしつまみぶたの》七宝紋《しっぽうもんの》銚子《ちょうし》とか、名前だけでも凝ってると想像させるしろものがあったが、どうしてこんなものがよろこばれるのか私にはわからない。こうした展覧会に並ぶのだからいずれは名作というものだろうが、実に恐れ入ってしまう。こんなものを使うんなら、思いきってボツボツのいっぱいついた南《なん》部《ぶ》鉄瓶《てつびん》かなんかでチンチン沸かした方がまだましだ。

吉原紫雲荘

この正月京都の矢内原伊作君からの手紙の一節にこんなことが書いてあった。「これまで消息不明だった紫雲荘《しうんそう》のかおるちゃんの近況がわかり、これだけがいい正月でした。彼女、茅ヶ崎の方のシナそばやで働いているようです。ではまた、痛飲健啖御自愛下さい」

その後のかおるちゃんの行方は、その行方をさがすことは、ささやかながら私たちの課題の一つだった。それが分ったことは先ずよかった。と同時にこの一文をよんでるうちに紫雲荘での私たちの一時期が灰神楽のようにパッと、私の記憶にたちのぼった。

紫雲荘というのは吉原揚屋門のすぐ近くにある、まあ恐らくは三流どころの女郎屋だった。私がそこを知ったのは古い吉原がキャンセルされて紫雲荘が宿屋にかわってからである。ひょろ長い平屋建てで、使ってる客室は夫々六畳の三部屋しかなかった。黒塀に囲まれて、それでも静かな庭とタイル張りの風呂があった。かおるちゃんはこの宿のマネエヂャアだった。お女郎さんあがりとはいえ健康でリコウで親切でキレイだった。

三十二、三だったろうか、尻っぱしょりをして背中を流してくれたりした。

私をこの宿にひっぱっていったのも矢内原伊作である。数人一緒に外房から内房の旅をしての帰りだった。その時はじめて分ったのだが、そこは京都から上京したときの矢内原の当時の常宿で、宇佐見英治とか宗左近とか以前はそれら一高仲間のウサ晴しの場でもあったらしい。

それからの私はよくこの宿を使った。飲むことのためと仕事のために。一番奥の六畳でベルを押すと気転の早いかおるちゃんはお盆にビールをのっけて現われる。酒の方がいいな、といえば、あらそう、はい。つきあってといえば、はい。夜更にドンドン門をたたけば、すぐカラカラと下駄の音、といった具合だった。

一人で泊るのは仕事の時以外にはまずなかったが二、三人で夜襲することは相当あった。その最たるストームは第二回の歴程フェスチバルの流れだった。会場の山葉ホールでもいい加減飲んでいた二十人程がクルマをつらねて繰り込んだわけである。それで三つの部屋がいっぱいになった。私自身としては安川定男・加寿子夫妻などと八八をやりながら飲んでいたあたりまでは憶えているが、その後は記憶にない。記憶が甦ったのは医者をよぶ騒ぎになってからだった。その記憶のない期間に私は風呂にはいったそうである。いそがしいのでいつものように背中を流してくれることも出来ないかおるちゃんが、あんまりながい風呂なのでガラス戸をあけてはいって見ると誰もいない。流しに降りて見ると湯ぶねのなかに私の頭だけがやっと浮いてる。私のアゴを両手でグイと、顔だけはお湯のそとに持ちあげたが、ゆだったからだは重たくて女手一人では間にあわない。周章《あわ》てた彼女は廊下にとびだし、一番近くの部屋にいた日高てるさんをひっぱってきて、二人で私をひきあげそして流しにひきおろしたらしい。「あたしようでけへんもの、かおるちゃんがふきひゃった」と日高さんは一年もすぎてから私に話した。

それからいっとき私は横んなって眠ったらしい。起こされたのは夜明け間近かのことだった。なんとなく只事でない気配に私もいくらかシャキッとした。私を呼んでるという酒井密男は横たわっていたが、その手をとると氷のように冷たかった。(瞬間、私は死んだときの祖母のからだの感触を思ったほどである。)その前にきたのかそれからあとだったか、医者が来て注射を打ち、近親の者として彼の兄さんが紫雲荘にかけつけてきた。ことのおこりは飲んだことのないウイスキーをコップでやり、急性胃潰瘍で吐血したのであった。経験のない酒井青年はコップのやつをグイと飲んだので、イケルと思った会田綱雄がまたなみなみと注いだものらしかった。それをまたすっと飲んでしまった。結果がテキメンでないはずはない。しばらくするともがきはじめて血のゲロとなった、その頃新しい同人になった彼は会津若松から出てきたのだが、前からの顔知りは私だけだった。それでつい、「クサノさん」が声にでたものらしい。そのとき、手の脈をギンミしていたのは山本太郎だった由。駆けつけた私はなんかいったが、そのなんかもいまは憶えてない。

こんなこともあった。朝眼がさめると、いつもの奥の六畳に寝ていた。直感で隣りの部屋にも誰か寝ていそうな気がしたので障子をあけると、河上徹太郎がぼんやり天井を見ていた。眼がさめたばかりらしく「ここ、どこだい？」「吉原だよ」「吉原？」

彼のほっぺたに苦笑いがわいた。われわれは前夜新宿で飲んでたがここまでノシてきたのである。他の人たちは初めてなのだから発起人は私だったことになる。吉田のおかみと伊藤信吉も一緒だったそうである。帰るとき吉田のおかみは気になって河上と私の金をしらべたそうだが、からっきしなので二千円ほどかおるちゃんに無理に渡していったそうだ。キトクなこともあるもんだと河上と私はかげ口をたたいた。

枕頭にのこっていたビールの残りを飲んでから私たちは改めて本格的にまたはじめた。

「おい」

と河上がいった。

「こんな飲み方をしてるのは、もうおまえとおれ位になっちゃったな。小林（秀雄）や林（房雄）も無茶はしなくなったし……」

「おれはあんまりしらないが、石川淳はどうなんだい？」

「そうか、そうだな、あれも以前とはちがうな」

考えてみると同じ位の年齢では、なる程そういうことになるな、などとシンミリしながらの間はよかったが、

「チクマの古田を呼ぼうか」

「呼ぼう」

ということに一決する頃になると、おんなじふりだしにもどったことになるのだった。そして結果は生やさしいふりだしではないことになるのだった。

紫雲荘とかおるちゃんにさようならしなければならなくなったのはいつだったろう。それはたしか四年か五年前の年の暮。

その頃、飯能の宿屋で私は仕事していたが陣中見舞にやってきた連中が、あんまり寒々しいから、むしろ紫雲荘の方がいいじゃないかと進言した。そこで私も成る程と、もらった七面鳥持参で久しぶりに揚屋町の石門をくぐった。ところが、もう誰も泊めないことになっているという。なぜときくと、なんとかいう工場の人に紫雲荘は売り渡されてしまったのだという。

「内緒にひと晩だけたのむ」

ようやくその晩だけ泊ったが、「先生が最後だわ」と手伝いのおばさんがいった。かおるちゃんは病院にはいっていた。

その晩、私はもんぺのおばさん相手に飲み、翌る朝は、若い女主人とちいさな娘とおばさんと台所つづきの家族の居間で七面鳥をむしった。

そこへウチから電話がかかってきた。

「大変よ、高蔵（タカの名）がクサリをきってにげちゃったの。電話のとこからもいま見える気がする、新宿御苑の上あたりらしいわ、ゆうゆうとてもきれい。早く帰って下さい」

高蔵失踪に、私はあわててクルマをよんでもらった。

ドーム・バー・etc

戦争中の上海にドーム・バーというバーがあった。もっとも本当の名前は、マキシムというのだった。それを勝手に、こっちはドーム・バーという渾名をつけていた。

それは、ジェスフィールド公園の近くにある夜明しの小さなバーだった。

ドーム・バーという渾名を付けたのはそのバーの天井が天文台のような型をしていることによってだったが、夜になると、天文台のような型をしたその丸屋根が、二つに割れて、雨の降らない、また曇りでない晩は、その隙間から星が見えたり月が見えたりした。

経営者はユダヤ人で、その片隅にはピアノやチェロやヴァイオリンのそれでも生きた音楽が鳴っていた。女給たちも、大がいユダヤの女たちだった。

当時日本人は、幅をきかせていた。楽士たちは日本人が入って行くと、軍艦マーチなど奏でて歓迎の意を表したがそれにはいささか閉口した。

バーのドアが開くのは、比較的遅かったが、夜明けまで楽隊が鳴ったり、煙草の煙のもうもうの中で酔っぱらったり、女の歌声が甲高く聞えたりしていた。

いいかげん酔って疲れて、帰りのドアを開けると、大がいは、おあつらえむきみたいに靄が立ち込めていて、きまったように、その靄の中に花売りの少女が立っていた。その花売りも、大がいはユダヤ人の女の子だったが、たまには中国人の女の子も夜来香などを抱えて、酔っぱらいのご帰館を待っていた。

僕は、友達の作家のSと、よくこのバーに出かけたものだったが、Sは、このバーの一人の女の子を好きになって、或る晩デートを約束した。

その翌る日、彼はその女の子と喫茶店で逢う約束をしたが、お茶だけで帰るつもりはなかった。といってどっかにしけ込むだけの金もなく、僕とSとの金を合わせても、せいぜいお茶とお菓子の代くらいしかなかった。

といって、どっかで金策するためには約束の時間が迫りすぎていた。

で、彼の結果談になるのだが、喫茶店で軽い食事を済ませてから、誘われるままその女のアパートに出かけて行った。

ところで、そういう時は連中の習慣で先に金を要求する。むろん彼は持っていなかった。とっさの知恵で、彼は、

「アイ・アム・ア・リッチ・マン」

といった。

それを彼が喋べり私が聞くと同時に二人は大声で笑い合った。笑いの止まらない中で、僕は彼に、「それで、結局どうなったんだい」

と聞いた。彼は、

「今まで、たびたび行ったお蔭でね」

といった。

もう一つ、僕が綽名を付けたバーがサムイン路の街角にあった。

ブラックアンドホワイトというのが僕が付けた綽名だったが、今は綽名の方だけを覚えていて、本名の方は忘れてしまった。これもユダヤ人経営のバーだったが、月に一回くらいは出かけて行った。

当時は、僕は南京に住んでいたが、毎月一回くらいの平均で上海に出かけて行った。だからブラックアンドホワイトに月一回というのは、ご無沙汰の方だが、月一回しか上海に出て来なかったのだから、そういう意味では、まあよく行ったバーの一つだった。

Sではないが、僕自身このブラックアンドホワイトに、ちょっと好きな子がいた。

話はいきなりとんでしまうが、上海郊外に日曜日だけ、開くレストランがあった。僕たちは、よく自転車に乗ってピクニックのつもりで、そこに出かけたものだった。

ビールを飲んでサンドウィッチを食べると、昼間の酔は、早く眠くなる。僕たちは、芝生の上に薄い蒲団を敷いてもらい、野天で昼寝をむさぼった。いつも客は三組か、せいぜい五組くらいで、太陽光線を受けてのいいリクレーションになった。

ところで、またブラックアンドホワイトに戻るが、僕と友だちが話し合ってるとき、今度の日曜も行こうじゃないかということになり、友だちは「じゃ、あの女の子も誘おうよ」ということになった。むろん僕は賛成だった。

それから僕は、そのバーに出かけて行って、女の子に日曜ドライブの件を話した。行きたいけど仕事の関係で日曜にならなければわからない。

「お電話くださらない？」

といって、彼女のアパートの電話番号を教えた。

「じゃ、日曜の朝、電話するから、行けるときはスカイズホワイト、駄目なときは、スカイズブラックと返事してくれよね」

と僕はいった。

日曜になって僕は、その女の子に電話をかけた。すると返事は「ザ・スカイズブラック」だった。このバーの綽名は、そこからきている。

今、その女の子は頭の中をいくらほじくっても、どんな顔だちだったかも思い出せないが、ブラックアンドホワイトの中の雰囲気は未だに鮮やかだ。

ユダヤついでに、もう一つのユダヤを思い出した。

南京路のレストランで、お茶を飲んでいると名取洋之助が入ってきた。彼は僕のテーブルに近づくなり、

「なーに、ランデブーって、この子?」

といって、がっかりした風だった。テーブルを挾んで私の向う側には、十二歳のユダヤの少女がいた。

名取は、もう一人別の友だちにかつがれたらしく、その別の友だちは僕とユダヤの少女とがレストランに入って行くのを見て、ランデブーしているから行ってごらんとそそのかされたらしかった。

この少女は、しかし僕には懐かしい。今でも一緒に撮った写真がある。バーを廻るチョコレート売りの少女だった。南京の僕のところまで、下手な英語の手紙を寄こしたりした。

彼女の名前も残念ながら忘れてしまったが、今はもう子供の親になっているか、或いは流れ流れての運命を辿っているかも知れない。

居酒屋でのエチケット

居酒屋でなら、エチケットも要らないだろうと思うのが、案外、通念かもしれない。つまりそんなものを考えずに飲んだり食ったり歌ったり……それが居酒屋なんだという考え方。本当はそうにちがいないのだが、みんな楽しく飲んだり食ったり歌ったりするためには、やはりエチケットがなくては駄目なので、喧嘩になったりするのはそのなさからくる。

結婚の披露宴とか、洋食、日本食、テイパァティなど、様々の大小宴には、むずかしいエチケットもいるが、居酒屋ではいらないだろう。こういうのも案外、通念かもしれない。ところが私は逆ではないかと思っている。

たとえば口音《くちおと》をたてながらスープをのむのなんぞは宴会での困りものの一つだろうが、それでも、そうした席上でなら、まあ喧嘩などはあまりない。それだけでもまず助かる。

居酒屋で飲む場合、楽しく飲むというのが客の心理だろうが、それが酔うにつれて初めての客同士が喧嘩になったりする。その源は右コ左ベンにあるようだ。右コ左ベンしないこと、これが私の考える居酒屋でのエチケット第一条だ。もっとも、この右コ左べンのよくないことは、居酒屋に限ったことではない。

ずっと以前、箱根富士屋ホテルの食堂での宴会のときだった。ちょうど私のまん前の席には中国のT氏がいた。そのT氏がふとしたひょうしに、フォークから肉の一片を、白いテーブルクロースにおとした。その僅かの動きで私の視線がチラッと誘われたが、T氏はなんのこだわりもなく、ゆっくりクロースにおちた肉片を、再びフォークにさして口許へもっていった。右コ左ベンはなかった。私はきれいだなあと思った。あれが他の人が見たんじゃないかと気にやんで、あたりを見廻したりして食ったんじゃみじめだ。

或る結婚披露の席でだった。或る婦人が私に「実はこの年になるまでまだ洋食というものを食べたことがありません。あなたのお食べになるのを真似ていただきますから、すみません。悪く思わないで下さい」といった。私は「どうぞ」といった。会食になると、なるほど、その婦人は向う側から私を真似て食べている。これもいいと思った。右コ左ベンではない。直視である。

連れの多い居酒屋で、一人で飲むのは味気ないらしい。特にそっちでは議論、こっちでは笑いというにぎやかさのなかでは余計そうらしく、つい縁のない隣り客にも話しかけたくなるらしい。これが私の右コ左ベンで、おだやかに、また極く自然に話題の共通点をその独りの客が感じたときはまあいいとして、他人の話に揚げ足のきっかけをつくって話しかけるのはエチケットを知らないこと。しゃべりたければ居酒屋のおやじとかおかみとかをつかまえて話していればいいのである。

議論なども、特にインテリの多く行く居酒屋などではつきものだが、初めから連れの連中とか、偶然そこで会っても前からの知りあいだとかが勝手にやっているのは自然だが、その連中とは未知の客が、無理矢理そのなかに飛びこもうとするのは、いささか右コ左ベンの類いである。たまにはそうしたきっかけをつくって、奢ってもらうなどという料簡が顔に描いてある客がいるものだが、どうもうすぎたない。

もともと、居酒屋でも高級レストランでも、飲んだり食ったりの場合は、その飲料と食料とが対象なのだからそれに直結すればいいはず。ただそれにいろんなものが並行してつきまとうが、根本はその線である。その線を自覚すること、そこがエチケットの生れてくる基盤だと思ったら間違いない。何もエチケットというものは、人間同士のためのものばかりではない。それどころか飲み食いの場所では、その飲みもの食いものに対する、その無機物に対するエチケットが、まず第一なのだ。

たとえば、さめるとまずくなるものを「ええ、いただきます。いただきます」などといいながらなかなかたべなかったりするのは、これは遠慮ではなくて無知の部にはいる。と思うと一方、全然知らない隣り客の皿のものを、酔っていても、兎も角、箸をつけたりするのは暴力の部にはいる。板前が念を入れてつくった塩味のものに、醬油をどくっと掛けたりするのも料理に対するエチケットじゃない。

私はいつも思うのだが、料理やのみものに対してエチケットを持っている人は、居酒屋でも何処ででも人間同士にエチケットを持っている人だと思って差し支えないのじゃないか。飲み食いの場では飲み食いが中心なのだから、その中心を忘れないことが、右コ左ベンしないことを第一条とするよりも、もっと第一条であるかも知れない。

喧嘩はいやだが、私も時々喧嘩になる。居酒屋での喧嘩は、たいがい右コ左ベンから始まる。酒と肴への直結がずれて、酒と肴は余計もので右コ左ベンが中心になったときから始まる。

実は私は目下、居酒屋のおやじだが、つい一昨日ちょっとあった。それは、ある老人が帰ったあと、一人の酔漢がそのあとを追った。

こっちには、その酔漢がその老人に何かいおうとしていることが直感されたので、私も外へでた。「いや、敬意を表するんだ」とその酔漢はいった。なるほど気持ちは分る。

けれども、敬意を表するんなら機会はある。なにも疲れたといって立ち帰った老人を未知の酔漢が、電車通りで引きとめて、くどくど敬意?を表すことは敬意を表さないことになる。それがわからない。

私なんかは他人《ひと》のことなんか兎や角いえる柄じゃ、もともとない。けれども右コ左べンだけはしたくない。

泣き上戸、笑い上戸、怒り上戸、昔からのいいならわし通り、この慣習はまだ残っている。それはそれでいいだろう。手ばなしでやればいい。

ところが、居酒屋でも何処でも、独りポツンという環境にはいかないので、エチケットというものが、一つのブレーキとして必要になってくる。

それも人間、これも人間。そうしてその複雑な人間性を焚火にしてお燗をする、そしてあったまる良識の世界が、居酒屋でありたいものだ。

赤湯「火の車」

去年の十一月、K書店主催の講演で私は山形県の新庄に行った。たった一分の遅刻で急行の指定席をのがした私は、その次の汽車でたったが、それは山形が終駅だった。そこからハイヤーでとばして二時間半、新庄温泉に着いたのは夜の九時すぎだった。一行の山本健吉と角川源義の両君が、うすら寒い部屋で待っていた。

新庄温泉というのは極く新しい温泉だったが、私たちの泊った宿屋はバラック建てで、障子はやぶけていたし、洗面所には口をすすぐコップの備えつけもなかった。山の湯治場でもこんなのは滅多にない。近頃珍しい経験だと、私たちは苦が笑いするしかテはなかった。

翌る日二度の講演をすまして上の山温泉までくだった。村尾という旅館の、私たちの泊ったのは天皇皇后さんの常部屋だったので、今度はいたれりつくせりだった。

山本君と角川のおやじはそこから東京に帰ったが、私は独りのこって天童温泉まで引きかえし一泊、翌る日は赤湯温泉までくだっていった。居残って仕事をするということも一つの理由ではあったけれども、それよりも赤湯行きには、もっと大事な理由があった。

　赤湯の近くの高畠には永年会わない親戚の面々が居り、当の赤湯には「火の車」のおやじの後藤文蔵という仁がいる。それらの人々に会いたい、と私は東京をたつときから思っていた。

　八年ほど前に私は、未知の後藤文蔵から一通の手紙をもらった。その文面によると、後藤文蔵は赤湯での老舗の長男だが、酒と女で身代をつぶし、親戚からは見はなされ、言わばニッチもサッチもいかなくなった。その没落寸前、というよりも没落のなかで、ふと目についたのは週刊誌にのっていた、私の居酒屋「火の車」に関する記事だった。草野心平という、自分も名前を知ってる人が居酒屋をはじめた。そんな人がやるのなら、自分だって奮発すればなんとかなろう、という気持ちから無断で「火の車」という屋号を借りて小さな店をはじめたのだという。それが今ではおかげさまで大当りで、もう心配もなくなった。で改めて、無断借用の失礼を謝し、今後ともに後援を願いたいとのことだった。そして、さくらんぼの箱が別送されてきた。

　私はすぐ「それはよかった」という意の返事をだした。それから私たちの交渉がはじまったのだが、毎年、彼文蔵は沢庵とか洋梨とかさくらんぼとかをおくってくれ、私も

「太白遺風」などと書いた色紙をおくってやったりした。

私が「火の車」をはじめた時は、ジャーナリズムもいくらか取上げてくれたので「火の車」の名は案外早くひろまった。間もなく私の耳には王子にも火の車という店ができた、新宿の西口にも現われた、荻窪にも火の車という店が出来た、などという噂がとびこんできた。けれども一人として名前を借りたいとか無断で借りたが、とか言って来る者はいなかった。そんな経験のはてに、遠い赤湯から恐縮しきった手紙が舞いこんだのだから、私としてもその義理堅さに殊更感じ入ったわけだった。その間山形県へも二、三度は旅していたが、赤湯を訪ねる機会はなかった。季節季節の彼のハガキには、一度は赤湯に是非来てくれと書いてあった。そんなこんなで、講演の帰途赤湯へよった。山形の本屋八文字屋の主人が、自家用車で私を赤湯までとどけてくれた。

突然だったので後藤文蔵はビックリした様子だった。実は私もすくなからずビックリした。

「火の車」が、そんなに大仕掛けになっているとは想像もしなかったから。きけば一週間前に改築新装のお祝いをしたのだとのことだった。

すし文（火の車）という大きなネオンの立看板もさがっていた。後藤文蔵は二階の部屋なども案内した。四畳半、六畳、八畳間などの部屋が五つ程あり、新築中の宴会場も見せてくれた。すし文といえばいまでは赤湯一番のすし屋だそうだ。

　その晩私は彼に連れられて高畠の親戚の家にゆき、ひどく楽しい時を過ごした。七十三歳の老婦は磐城盆踊の唄をうたい、それに合わして私は踊った。そして夜更けに赤湯の宿にもどった。

　翌る日のひるすぎ、彼は一升ビンをぶらさげて宿にやってきた。女中たちも土地の芸者も彼のことを文ちゃんという愛称で呼んでいる。飲みながら文ちゃんは「火の車」をつくったイキサツを、まるでひとごとのように楽しく語った。

「毎晩あきもせずに、先生、よくも飲んだな。飲んで飲んでよう。それに女に通うんだから、金もなくなるし、親戚にはアイソつかされるし、借金もふえるでしょう。赤湯では古い呉服屋だったんだけど、見事につぶしちゃってよう。先生……」

　まるで他人事でも話すように、文ちゃんは他愛なくニコニコしながら話しだした。

　恰度、仕事にとりかかったばかりの時だった。酒をのむと私は仕事はできない。だから普段ひる間仕事をすることにしている私は、ひるまはよっぽどのことでない限りのまないようにしている。「二時間ぐらいあとに、きてくれたらよかったんだがなあ」と私は文ちゃんにグチを言ったが、彼はそんなことには気をつかわない。「なあに、先生、大丈夫、大丈夫」といいながら自分で燗をつけ、女中にはすき焼きの用意をいそがせる。こっちも実は、前夜の高畠での飲めや踊れやで、宿酔気味、午前中は仕事どころか床にもぐっていたくらいだから、誘い水がほしいところ、それに文蔵のはじまったばかりの「火の車」談義が面白くなりそうなので、仕事はもうあきらめて、コップに、なみなみと注いでもらった。そうなると文ちゃんに劣らず私のピッチも早くなる。

「……そうして残ったものはよう、家屋敷とおふくろと女房と借金だけになってしまいました。おふくろはしかし、オレの酒をとめないんです。（お前は長男だから、家屋敷を飲んでしまおうが、どうしようが勝手だぞい。乞食になって構やせん。お前が通りに土下座して乞食をするんなら、オレはそのわきに坐って手伝ってやる）おふくろは、そんな風に言うんです。そういわれるとおれは困ってしまってよう。困ってもしかし、どうにもならなくてよう。いろいろゴマカシては飲んでたもんです。そんな時に、週刊誌で『火の車』の記事をよんだんです。オレはドキッとして考えたなあ。正しくいまのオレは『火の車』だ。『火の車』以上だ。草野なんてヒトがやるんなら、オレはまだ若い。出来ないこともあるまいと思ってよう。決心したんです。なにもかも清算して、あとくされなくしてと思って、債権者に全部きてもらったんです。十二人がドヤドヤとあつまってよう。オレはこう。畳に手をついて……」

と文ちゃんは自分の坐ってる座蒲団からズリさがって、

「まことにまことに申し訳ありませんが、オレの財産は、もうこの家しかありません。借金のカタはちがいますが、どうか皆さん相談の上でこの家をどのようにでも御処分願います。ぶちこわしておわけになるなり、なんなりして下さい」

と、その当座のセリフを言うと彼は気持ちよさそうにコップをほしてから、

「まず、そんな具合でよう、あやまったんです。ところが貸してる方でもよう、ぶちこわして分けるわけにもいかず、『火の車』の成績を待つということになったんです。よかったなあ」

文ちゃんは、女中と芸者を交々見ながら、「よかったなあ」と高らかに言った。もう一升ビンはカラになり、文ちゃんはビール、ビールとさけんだ。

私はおふくろの話や債権者に対する話を、面白いというよりは、いささか感動しながら、そしてすき焼をつつきながらきいていたが、「これからが『火の車』の本題だな」と話のつづきをうながした。

「決心するとおかしなものでよう。少しばかり金もできた。家の一部をベニヤ板で区切ってよう、それに墨汁をぬったくり、カウンターみたいなものをつくったりして、先生、

ともかくもちっぽけな店が出来たわけです。『火の車』の看板もオレが書いてよう。いよいよ開店とまで漕ぎつけた。やったのはスシです。ところがすしなんか、食ったことはあったが、にぎったことは一度もない。それでもマグロとか、少しばかり買ってきてやっちゃったな。あの呑ん平の助平野郎が、どんなものをはじめたのか行って見べえ、という物好きや、いままでの飲み仲間が、開店の日にやってきた。オレは握ったすしを出したが、ベニヤ板に塗った墨が手の指っこについていて、タコの白っぽいところが黒くなったりして、客も仕方なく笑ったなあ、それからオレはお客たちに早く食ってくれ、早く食ってくれ、とたのむんです。早く手にとってくれないと二つ並んだスシが倒れてしまう。まあ実際は一つだけは立ってるのを食ってくれるが、その間に、もう一つの方は倒れてしまう。それでも客は意地悪も言わず、文ちゃんの倒れズシか、なんどと笑いながらパクツク始末、先生、全くヤレヤレだった。ところで山形新聞の記者が、先生の『火の車』を知っててよう、赤湯にも『火の車』が出きたというんで写真入りの記事を出してくれてよう、先生のシャシンとオレが店の前に立ってる写真とを並べて出してくれたんです。ところがその新聞の記事がいやにきいちゃって、ちっちゃい店は押すな、押すな、オレの新しい人生が始ったというわけです」

文ちゃんは一気にしゃべって、さもうまそうにビールをほした。

「あの頃、文ちゃんは出前もしたね。すっかり人気者になっちゃって」

と女中が言うと、

「んだ、んだ、出前もよくやったな。玄関からはいって酒と芸妓でドンチャンやってたオレが今度は裏口から今晩は、だ」

と文ちゃんはひどくうれしそうに言う。

「同情もあつまったのよ、それにしても大発展ね」

と芸妓が言う。

そんな会話を聞いていて、私もひどくうれしくなった。話もはずみビールもはずんだ。空になった一升ビンのあとの酒も出た。仕事のことも、もう屁の河童になっていた。

翌る日も矢張り宿酔気味だった。しかし寝床にうつぶせになりながら私は原稿用紙の升目をうずめていった。あんまり早くは来ないでという約束だったが、夕方をまたずに、また後藤文蔵は私のいる温泉宿にやってきた。きのうとおなじく、地酒一升ビンをぶらさげて。

話といっても殊更のものはなくついつい「火の車」にもどってしまう。

私は、日光駅前の「火の車」のことを話した。

「宇都宮で、小さなバーをやっていた、そのマダムがね、東京のぼくんところへやってきて、バーをやめて日光でギョウザやをやるというんだ。ついては『火の車』とつけたいから名前の無料譲渡をたのむというわけ。ボクは賛成して『火の車』という字も書いてあげたが、それがね、君、いまは大繁昌なんだそうだ。『火の車』の本家は見事つぶれたが、君ンところと日光とが大繁昌とは目出度し目出度しだ。日光へ行く機会でもあったら是非寄ってみてくれないかな」

「行くとも、行きますとも。バーのマダムだったんなら女でしょう。女なら猶更いいな」

と文蔵。

「火の車チェンストアか」

と私。

チリ鍋とコップ酒をやりながら、私たちはまたいい気持ちになっていった。

その翌る日の特急券は、勢いのはてにキャンセルして、翌々日に切り替えて胡坐を直し、

「その代り、あしたはまともに仕事さしてくれよ、な」と私は文ちゃんにたのんだ。

話が一寸とぎれた時、彼は思い入れよろしくこんなことを話した。

「あんときは、オレのかあちゃん、実家へもどってしまうと思ったな。半分はあきらめていたんだが、それが居とどまってよう。……お前もひどく疲れたろうから、しばらく実家で夏休みしてくるんだなとさとして、かあちゃんを里に帰したんです。その晩、夜中の三時頃、かあちゃんの着物を一枚のこらず簞笥からひきずり出して荷車につめこみ、この赤湯から山形の市まで運んでよう。質屋じゃ一枚一枚ひろげてみるんだが、そんなに一枚一枚調べなくっていいから、ポンと一ト言、いくらといってくれといったらよう、五万円というんです。それできまり、その五万円も酒の泡になっちゃったんだからよう。かあちゃんに逃げられたって仕方がない。ところが、どうやらいままで、なんとかつづいてきてよう。考えてみると夢のようでよう……」

今年四十五、六の文蔵はなかなかの好男子でキップもおおらか、酒と浮気の虫はあったにしろ、細君にしてみれば男らしく頼り甲斐あると思ったのだろう。いまとなっては、これも目出度し目出度しで無精ヒゲの顔をニタつかせるのも無理はない。ところで、翌る日の特急券も無駄にした私は、宿屋をかえて、別の温泉旅館にいったがいよいよ今日は東京帰りという朝は、おあつらい向きの初雪だった。二階の障子をあけっぱなしてコタツ酒。毎日顔をつきあわしての連日連夜の酒だったから、いい加減あきあきして、カンシャク玉の一つぐらいは破裂しそうなものだったが、あきあきどころか、最後の仕上げの雪見酒は殊の外楽しかった。後藤文蔵の、誰もがにくめない、特殊な人徳のせいだったのかもしれない。

酒の失敗

今日はひどい二日酔いでねている。起き上って字を書く元気もない。それでねたまま口述筆記をしてもらう。酒の失敗は何百回、何千回したか分らないのだが、それでいていまだに続いているのは我ながら情ない。

話は簡単である。いい加減の処できり上げればこんなひどい思いに落ち入る事もないのだがそれが出来ない。酒もこうなると、一種の宿業になってしまう。

若い時はこうではなかった。二日酔いをする度に自分の年を考えるのだが、いざ飲みだすと、現在の事は考えずに、若い頃の年を考える。その頃の可能性を考えて飲みだすのだからたまらない。もっとも実は、そんな事は考えずに、只がぶ飲みの一途をたどるといったほうが、適切である。私は風流を重んじたり、味を吟味したりなどはしない。現在も二十代と同じ学生飲みである。

今でも自分の帰る家が分らなくなる事もあるが大体なんとかして、たどり着く。そんな点を考えると、少しはましになったのかとも思う。以前市川に住んでいた時には、終電でしょっちゅう乗り越しをした。千葉の駅前に千葉ホテルという安宿があって、そこが何時の間にか、乗り越しの常宿になってしまった。乗り越しをする様な時は、無一文になっている時のほうが多く、したがって千葉ホテルはほとんど何時でもつけだった。宿屋のつけも重なると大きく、私は素面の時かえしに行った事も度々だった。

どういう加減か分らないが、朝眼がさめると水道橋際のコンクリの土管の中にねていた事がある。まるまってひざ枕でねていたのだが、起き上ったら厭に臭い。オーバーのひじに誰かの糞がびっしりついていた。

またある朝、都電の始発の音で眼をさましたら昔の一高前の御宮の廊下に、下駄を枕にしてねていた。ねがえりを打つと、隣には藁をかむった乞食がねていた。

以前私はサラリーマンだったこともあるが、その時は銀座の交詢社の前の舗道でねていた。新調した洋服の上着はなく、あたりには朝もやがたちこめていた。なくなった上着のポケットの中には、ハトロン封筒のサラリー袋が入っていたはずだった。浅ましいものでサラリーマンにとっては、サラリー日が一番の厄日で、矢張りそれもサラリー日だったが、新宿の地下道で眼がさめたことがある。その時は上着もズボンもなかった。ズボン下ははいていた。

五反田に帰る筈の処を、追浜《おっぱま》で眼がさめた事があった。その時は車内には誰にもいず、私にとっては大事なカバンもなくなっていた。そのカバンは、ロンドン製の頑丈なものだったが、中には一八七四年製のウォーターマンの万年筆があったり、ダンヒルのパイプや、詩のノートが入っていた。

近頃はひどく威勢の良いなくしものはしないが万年筆とか風呂敷包とか、そんなものはざらで二日酔いの日には大体そうした紛失物が附録になる。

絣の財布

昔サラリーマンだった頃、酔うと封筒ごとちぎって捨てる癖があった。南京にいた頃珍しく手にはいった札たばを、ガンガン燃えてるストーブのなかへ、そのたばごと放りこんだことがあった。「火の車」をやってた頃、弟が死に、その葬式に工面した金を、ガス火でアッという間に燃してしまったこともあった。けれどもこれは「若気のいたり」ではなく、永年つづいた貧乏から金に対するコンプレックスができて、変な敗けおしみから出たのだろう。近頃は流石にそんなことはしないが、相変らずなくすことはよくある。私の財布はファイナリンソフトのビニール袋だから財布は惜しくないが中身は惜しい。ところで近頃は旅先で買った木綿絣の財布を愛用している。そいつの内側がいやにピカピカ光っているのできいてみたら、前夜それでハナをかんだのだと教えられた。酔った上とはいえ、そんな馬鹿げた「若気のいたり」の余燼は早くなくなれ！　である。

白乾児と老酒

此間中国見本市の招宴の晩に、久しぶりで白乾児をかいだ。いい匂いだった。その匂いから度数も想像できるほどキーンとした匂いだった。恰度胃の痛みもあったので、飲みはしなかった。白乾児は恰度日本の焼酎にあたるが、晩秋と陽春の空とのちがいのように、その湿度のようなものにちがいがある。白乾児は度数は強いが味はサラッとしている。焼酎は幾分薄めだが舌ざわりは重たい。これは焼酎と白乾児だけのちがいではなく、中国と日本の酒全般を通じてのちがいのように思われる。

老酒はゴルフのようなもので五十すぎてからはもってこいといった感じの酒、味は矢張りさらっとしていて度数は低いが味にはコクがある。日本酒の丸味をもった重たいねばっこい味もいいにはいいが、私には老酒の味の方が好ましい。年のせいだろうか。

日本の玉露類と中国の上等のお茶の味のちがいも酒のちがいによく似ている。それはまた普通の白米ともち米とのちがいにも共通するところがあるようだ。昔、私は広州の学校で寄宿舎生活をしていたが、日本へかえってきた当座食べた毎日の白米は、もち米を食べているように重たかった。所謂南京米のようにサラッとした米飯に中国の油っこい副食物は合うのだろうし、もち米のような日本の白米にサラッとしたお茶漬けはあうかもしれない。

茅台酒

以前中国に住んでいた頃は竹葉青という銘柄の老酒を好んでのんでた。白乾児では北京郊外の海甸《ハイテン》という部落でつくられたのが、とびぬけてうまかった。中国でも色んな種類のアルコール飲料はあったけれども茅台酒《マオタイチュウ》というのは、解放後はじめて知った。

その瓶にはられたPRの短文によると、パナマ?での国際酒類コンクールで二等賞をもらった貴州産の酒、無色透明な七十五度の強わものである。それをのんだのは一昨年の中国旅行の時だったが、嶺南大学での同窓廖承志君が北京の宿舎和平賓館に四合入りの、そのセトモノの瓶を一ダースとどけてくれたのには、七十五度というだけに、ビックリした。

この七十五度はゆっくりは飲めない。ウイスキーグラスでガッと口ん中へほうりこむ。熱いもやが、口のなかにたちこめる思いがするが、私は直ぐ水をのむことにしている。二杯位のむと胃のあたりを中心にして心地よいあつさが、ぼうっと四方にひろがってゆく。

日本の中華料理店では老酒に氷砂糖を入れたりするが、これは日本独特のもので私は敬遠してのまない。本ものの老酒なら氷砂糖などでカムフラージすることもあるまいと思うからだ。近頃は茅台をデパートの酒店で見かけることもあるが、これも私は敬遠して買わない。ガッカリしかねないと思うからである。

酒のニューフェイス

酒のコンクールがはじまるという。いずれはいわれのある銘酒がベスト・テンに並ぶことになるのだと思うが、ふと思い出したことがある。

それは去年のことだったが、広島県の或る町へ行った。(町の名だの銘などを書くと差支えあると思うので書かないが)その町は中国山脈の山奥の小さな町だが、峠にまたがっていて、その峠から一つは日本海へ、一つは瀬戸内海への川が発していた。

その小さな町の、初めてきく銘柄の酒がひどくうまかった。お土産にもらったその一升ビンを二本、大阪まで持ってって関西の飲み助連にのんでもらったが、連中もこれはうまいと、ひどいのになると灘よりいいというのもいた。

今度のコンクールにどんな銘柄がずらりと並ぶか、小生には見当つかないが、酒にだってニューフェイスが現われてもいい筈だ。それも実は古くからあって知られざるニューフェイスが。

Symphony

部屋の隅の白瀬戸《しろせと》の一斗ガメに、妙チキリンな酒がはいっている。

それは今年の、夏の終りのことだった。私は酒類の小売店の板前で、涼しくなった夜、独りでコップ酒をのんでいた。と、天井に近い最上段の棚に、焼酎の一斗ガメが十数個並んでいるのが眼についた。茶色と白塗りのとが。私はその一つを欲しくなった。小僧に値段をきくと二百五十円というのでなおさら私は欲しくなった。

そして到頭その一斗ガメの白い方のをとどけてもらうことになったのだが、形や値段が恰好だった他に、も一つ私には、欲しいと思った誘惑があった。

以前私は、阿武隈山脈のなかの平伏という沼にいったことがある。天然記念物のもり青蛙を見るためだった。その時、岩魚がいる山間の小部落ですばらしいどぶろくを馳走になった。どぶろくという名前は、いかにもその対象をうまく象徴しているいい名前だと私は思っているのだが、私に馳走してくれた主人《あるじ》はどうも少し具合がわるい、さしさわりもあるから、なんか新しい名前をつけてくれまいかというのだった。私は主人の意見には賛成でもなかったが、馳走された手前もあり、どぶろくに白夜《びゃくや》という名前をつけた。

今年の夏も私は、その川内村の禅寺を根城にして阿武隈の山や渓谷を歩いたのだが、その時もまた白夜を馳走になった。

小売店の板前で飲みながら、私はその白夜を思い出していた。そしてズラリと並んだ一斗ガメをながめながら、私は私なりの特殊なものをつくろうと思いたったのである。

私は二年前に、焼酎に林檎をすって入れたり、また別には甲州葡萄をつぶして入れたりした。それに炎《ほのお》という名前をつけたが、この炎、普通の梅割りや葡萄割りよりもうまいと私はうぬぼれていた。その変な経験も思い出された。

今度はよし、交響楽をつくるんだ。私はそんな独り言をいいながら、いい気持で酒屋を出た。


私は先ず第一楽章をつくるために、とどいたカメのてっぺんのキルクをとって、そこから焼酎の一升ビンを五本、ドクドクと注ぎこんだ。それから林檎や梨、早出の青い蜜柑を、それぞれ皮ごとブツ切りにして放りこんだ。葡萄やレモンも入れた。バナナも入れた。

そして一応栓《せん》をしたが、せっかちな私はその日の晩ためしてみた。キューッと音をたてて、そしてコックンコックン、日本酒のような色になったのが、直ぐコップ一杯になった。悪くはなかった。

その最初の日から、いまはもう、三ケ月たっている。味も大分コクが出てきている。その間飲んでいるので、時々三升二升とつぎたしている。最初のころはあま味が過ぎたので、ニンニクを入れ、また根生姜も入れた。思いきって梅干も入れた。松茸の時季には松茸も入れた。それからオレンジ、柿、ギンナン、クルミ、内桂、柚子、菊の花。ところで私の失敗はニンニクだった。それほどの数でもなかったのだが、二、三日たつとニンニクの匂いは他の分子を圧倒して君臨しだした。柚子やレモンが協力しても間にあわない。そこで私はコップに注いでから、ビタースの一、二滴をおとすことにした。するとニンニクの威力も大分しずまってしまう。

この妙チキリンな奴をこしらえてから、私は二度旅に出た。

蓼科では山葡萄とズミの実をとって、それをもって帰って、また入れた。石巻《いしのまき》へ行ったときは、北上川に沿った鹿又村《かのまた》で、見事に熟れてるカリンを見つけたので、それをねだってきた。

カリンもズミも香りが強く美しい。それに肉桂やレモンの応援もあって、いまはニンニクもひとなみになって自分を主張しない。従ってビタースもいらないのだが矢張り一、二滴おとすことにしている。つまり三月目のこの年末になってようやく落着いた濁りのないある種の珍酒になった仕儀である。

しかし落着いたといってもピリオドが打たれたわけではない。もっとグロテスクになってゆきそうだ。アルコールの度数も、やっているうちに感づいて、二十五度から三十五度のに変えている。

ところでこの間、三十五年ぶりで会った廖承志君は、中国では七十五度の酒があるといった。私は自分の耳を疑ったが、それをおくろうという。そんなキツイのはいやだから老酒にしてくれと私は頼んだ。いまでは私はそれを後悔している。日本酒とか老酒とかは、いいものになればなるほど完成していてゲテものに変える余地などはない。七十五度といえば、どうせ白乾児族なのだろうが、七と四の音のききちがいで四十五度だったのかもしれない。

変った酒の店

仙台へ行くと必ず一度は「炉ばた」へ顔をだす仕儀になっている。ここのおやじの天江富弥さんが、昔からの友達であるせいもあるが、店そのものに魅力がある。昔、銀座で「勘兵衛」という酒場をやり、それから上野駅前のガード下に移ったが、ふるさとの仙台に引きあげ、どうも黙っているのは寝醒めが悪いらしく、また始めたのが、この「炉ばた」である。

この店の特徴の一つは山菜料理だが、山菜は、生まのは一年中あるわけではない。ただ酒のおかずはいつも地方味ゆたかな凝ったものを出してくれるが、それらをのっけてくれる四つ脚の膳が古色蒼然としていて愉快だし、炉ばたに坐ったおやじが、一間程も長いシャモジの上に二合どっくりを載せて、ひょいと客の前に出してくれる。この間行ったときはホヤと山菜の時期だったのでいい加減満喫した。

＊

東京では渋谷の「ふるさと」に時たま出掛ける。白川の合掌づくりを解体したのを、そのまま運んで再建したものだが、ここも手打そばをはじめ田舎料理で、秋田の民謡などを土地の人がうたったりする。外人などにはよろこばれそうだ。私もペン大会の時、印度の文人を案内したことがあったが珍しがっていた。

＊

京都の千本河原町に「熊鷹」という居酒屋がある。ここはなんの変哲もないのが変っているといえば言える。熊と鷹とを合併したいやに欲ばったゴツイ名前が面白いが、店の方式は欲ばらないし、こりもしない、いたって呑気なところがいい。ここは深瀬基寛さんの常飲屋で、京都へ行くとここへ連れてゆかれる。ツキ出しも五十円どまり位で気軽でいい。土佐流のカツオのたたきを出すが、これは土佐生れの深瀬さんの直伝だそうだ。

＊

南禅寺わきに野天でとうふ料理を食わせる店がある。酒の店とは言えないかもしれないが、池のある庭園の林陰の涼み台で色んな豆腐料理や精進揚げなどをつつきながら酒をのむのは、一寸した感じである。鳥がないたり、桜の花びらが池に浮んだりしていた。値段が安いし、木の葉の斑らの影がゆらつくなかでの昼の酒はなかなかいい。夜の酒はここにはない。日暮れと共に店じまいになるからである。

＊

矢張り京都の「天久」というカフェの名前はもうずいぶんながいこときいていたが、行ったのは今年の春だった。すべてが大正式でラッパ付きの蓄音器から、かれすすきなどの大正調がながれだす。私は矢内原伊作に連れられていって散々踊ったんだそうだが、僅かに踊ったというだけの記憶があるだけで、かの有名な蓄音器のラッパも、エプロン姿の女給さんも、言わんや一緒に踊った美人の顔などもテンデ思いだせない。今度いったら、せめてほろよいの頃に行かなきゃと思っている。

＊

以前私は「火の車」という居酒屋をやっていたことがあり、そのツマミ類は一寸変っていた。今度またこの一文が市場に出る頃には、新宿御苑近くにバアを開店している筈だが、それは別に変哲もないバアである。けれども名前は一寸変っている。曰く「学校」大方諸彦の御来店を希望する。

＊

新宿にハモニカ横丁というのがある。間口一間、奥行二間程の飲み屋が二十軒程寸分のすきもなくギッシリ並んでいる。この言わば二十軒長屋を、ハモニカと誰かが命名したのだろうが、うまくつけたものだ。この二十軒はいずれも便所がついていない。まともには新宿駅まで出かけて用を弁ずる他はない。

「なるしす」もその長屋の一軒だったが、二年ほど前から歌舞伎町に移って、いまは小ぢんまりしたバアになっている。もっとも戦前の「なるしす」はもっと豪儀だったが、それでもハモニカ時代に比べると現在の「なるしす」も便所があるのだから大したものだ。

　私はハモニカ時代からの常連の一人になるのだろうが、何がよくって行くのだろうと考えても分らない。別に特別の料理があるわけでもなく、飲みものが変っているというのでもない。室内装飾も普通である。

　ここのママは万年女子大生みたいでちっとも変らない。客のないときも沈んではいないし混んでも浮きたたない。勘定をゴマかしたり出来ない人であることが分っているから安心だし、親身で親切で親切を誇示しない。

　近頃は以前に比べると何処の店にも足遠くなってるが、私たち仲間の「歴程」の会などがあって、新宿へ流れるとなると、二次会はいつも「なるしす」ということになる。詩人連中にとっては手頃の店だ。

「火の車」酔眼録

初音町で居酒屋「火の車」をやっていたころは馬と魚がよくやってきた。（お客さんをそんな風にいうと大変失礼だが、御本人たちは農学部の博士でありながら、魚とか馬とか自称しているので、ついうちの連中も魚の先生とか馬の先生とかいうようになった。）新宿に移ってきたらさすがに遠いので現われまいと思っていたら、先ず馬の岡部利夫教授がヘベレケで現われた。一度現われるとやたらに現われるのが馬の先生のならわし、そして飲み出したら自動車賃もとっておこうとはしない。築地に陸揚げされた生鱒のように、「火の車」のドアをあけた途端くにゃくにゃと倒れかかった。教授の「火の車」三羽鴉は馬の他に魚の檜山義夫、教養の市原豊太の両教授だが、一角が現われた以上魚と教養の御両人も何れは現われるにちがいない。

いままで客の中で一番丈の高いのは能の桜間龍馬さん、弓川翁の御曹子で能界のホープだが、酒量も相当のもの。忘れていた、もっと高いのがいた。マカルパインさんが連れてきたイギリスのジャーナリストである。マカルパインの方は大使館の文化部長で、ボクをシンペイ、シンペイと親しく呼ぶが、この方はボクよりも背が低く奥さんの方が彼よりははるかに高い。奥さんは日本舞踊を習っていて、狭い「火の車」で手だけで踊りをやったりする。シンペイで思い出したが、お客相手に飲んでいたとき、シンペイと外で大きな声がする。窓ガラスはあいているので本人はすぐ分った。河上徹太郎だった。彼はまたもシンペイと調理場にいるボクをネメつけるようにいったが却々中へははいって来ない。漸く入ってきて握手したりなんかして二、三本飲んで帰ったが、後できくとテンで憶えていなかったようだ。ノンビリいつまでもねばっているのは丸岡明だ。そばで議論などがあっても知らんぷりしてビールをゆっくりゆっくり飲んでいる。夜が明けてしまうことも二、三度あった。

近頃は調理場に腰をかけているのは七輪をそばにおいてだけになんとも暑い。だからボクもお客なみに、お客と並んで飲んだりしている。ところが七輪のある熱さのなかへとびこんでくる客もある。酔った土方定一がその勇士で、方々飲み歩いた挙句に「火の車」に現われると、彼はいきなり板場にはいって、自分でアイスボックスをあけ、御苦労にもお客のサービス係りになったりする。もっともお客の方で迷惑するのも沢山ある。

新宿の店は開店三周年を経て今年の四月十五日に初音町から移ったのだが、新宿の店の文学関係の客を思い出してみると先ず長老の青野季吉さんから石川達三、井伏鱒二、中島健蔵、火野葦平、保高徳蔵夫妻、田辺茂一と数えてくるときりがない。朝井閑右衛門、原精一、高橋忠弥などの画描き連中も数えると相当ある。

映画では川島、五十鈴、山本等のカントク、助カントク諸氏。蛇の道は蛇の道で詩人になるともっと多い。五十鈴、アリババ、よしだ、ノアノア、道草、なるしす、トトヤなどのおかみ連からキュピドンのおケイさん、それら女盛りの女将から大学在学の女学生諸嬢、女の出入りの多いのは界隈での一つの名物になっているかもしれない。銀座の女給さんなども現われる。それで相変らず「きのうもきょうも火の車」とは一寸おかしい。

あの時あの酒

去年の中国旅行の時、上海では錦江飯店というところに泊った。その七階だったかに私の部屋があったが、窓をあけると道をへだてた西側に昔のフレンチ倶楽部が、いやでも眼にはいった。以前は広い芝生の庭だったが、いまはサッカーやバレーボールの運動場になっているようだ。現在はどういう機関になっていて、またどのような人が住んでいるのか知る由もなかったが、見おろす建物自体は昔と変りはなく、数日間の滞在中、私は昔そこのテラスで飲んだハイボールを時々想い出してはなつかしんだ。

フレンチ倶楽部はフランス人だけではなく、各国人がクラブ員になっていたが、会員になる資格が馬鹿にうるさいらしく、日華事変のはじまった頃は日本人の会員は、たしか三人位しかなかったと思う。そのうちの一人が松方三郎で、私たちはその日、彼に連れられてそのクラブに行った。一階建ての、二十五米の室内プールもある豪華な建物だった。三間程でっぱったテラスが芝生のふちまで延び、矢張り三間幅ほどのガラスの天井が午後の陽光をさえぎっていた。そこの籐椅子によりかかりながら飲んだハイボール。

といって特殊な味のハイボールではない。北極製というわけでもない。それがなんだったかは忘れたが、普通のスコッチものだったろう。卓上のコップは適度に冷えている。タンサンの泡は白いツブツブになってコップの水平線に浮きあがっては消える。ただそれだけのことだ。それだけの二、三杯だったが忘れられない。芝生のつづきには、矢張りローンのテニスコートが六つ位あって、西洋の男女たちの打合いの音が気持よくひびいていた。

ローンで思い出したが上海の西郊に日曜の昼間だけひらくレストランがあった。私たちは自転車のうしろに食料品をのっけて出かけていった。芝生に脚をなげだしたり胡坐をかいたりして、冷蔵庫から出してもらった冷えたビールを、持参のサカナでのんだ。初夏の頃だったろうと思う。酔いがまわると眠くなった。アンブレラのたててある、その日蔭の芝生に、薄い蒲団が敷いてあって、そこでゴロッと横になって、眼がさめた頃は太陽がそろそろ色づきかけた頃だった。

飲むときは自然がそばにあれば、同じ味のものでもなんとなくうまい気がする。芝生でのんだビールだってどこにもザラにあるビールだった。

上海でのむときは主にバーでだったが、南京にはそんな気のきいたバーはなかった。

私の得意先きは、広州路の角の飲み屋というよりは雑貨屋だった。線香とか南京豆とかマッチとか油とか駄菓子とか、そんなものを売ってるちっちゃな店だった。その雑貨屋の近くに洋車挽きたちの、穴蔵のような小舎が並んでいたが、その雑貨屋は洋車挽きの家族たちが唯一の得意先きだったようだ。

屋号もないその店には白乾児もおいてあった。私はよくそこへ出掛けた。大概はよそで飲んでの帰りが多かったが、いつでもツケだった。（ツケといってもそこの老爺は、私の金額を紙に書いて示すようなことはなかった。いくらかい？　というと、即座に何千何百何十とすぐ答えた。それには私はいつも舌を巻いていた。）ところでそこの白乾児だが、北京の海甸などのものに比べるとズッとおちるが、それでも南京を思い出すと、真先き位に浮んでくる程、私にはひどく印象ぶかかったし、因縁もふかい。

その店には盃はなく、普通おかゆなどを食べるデッカイ丼がさかずきでもありコップでもあった。夜になると洋車挽きも疲れたり閑散になったりして、いつでも四、五人はギッシリつまってたむろしていた。私は丼の白乾児を注文して、洋車挽きたちと廻し飲みするのがいつものならわしだった。私は酔うと第九のコーラスのところを、その頃よく歌ったが、洋車挽きたちもその間にはメロディを憶えてしまったほどだった。

大晦日の酒

年末から年始にかけての時期は、私にとってはあまりうれしい時ではない。年末は疲れてしまうし、その疲れで正月はぼんやりしてしまう。つい酒も夜ひる連続となりがちでいつの間にか七草も終ろうとしていたりする。すると気持ちのまんなかは、メトロノームを早まきにしたように矢鱈に気ぜわしく鳴りだしたりする。

それで去年は少しばかり趣向をかえて旅にでた。たまってる仕事もかたづけようと思ってリュックに材料をつめこんで、馴染みの鋸山のふもとの浜金谷の、ある寮に出掛けていった。

大晦日の午後に東京をたったが、途中ふと稲毛に寄ってみることにした。その家をはじめて探しあてたが、玄関はあいたものの誰もいる気配がない。私はリュックを玄関のカマチにおいて外へ出た。夕方ちかくなっていた。寿司屋へはいって独りでのんだ。いい加減できりあげてまた行くと、今度は部屋に電気がついていた。土方定一夫人はまさかリュックの持主が私だとは思えなかったらしく吃驚《びっくり》したようだった。飲んでるうちに土方は終電近くに帰ってきたが、それから私たちは飲みだした。ねたのは何時頃だったろうか。元日の朝風呂をよばれて出発する予定だったが、飲みだすと風呂も面倒になり、昼近くになってから、まだ起きない朝寝坊の土方には挨拶もせずに夫人に送られて外に出た。天日まぶしく、脚はふらふらだった。

浜金谷の寮につくと私は直ぐ床を敷いて貰ってぐっすり眠った。眼が覚めたのは夜だった。寮には私以外の客はだれもいない。

運ばれてきた膳の刺身をたべると堅く冷たくシャリリという音がした。そんな刺身を食べたことがないので女中に訊くと、冷凍ものだということだった。何度も金谷にはきているのだが、こんなことは一度もなかった。けれども翌る朝、独りで海岸をぶらつくと冷凍ものの理由がいくらかは了解できた。海辺や港にはひとっこ一人もいなく船には家号を白く染めぬいた赤い旗が朝風になびいていた。

吉栄丸、新宅丸、長栄丸、吉三郎丸、第三都丸、金次郎丸、弥八丸、惣吉丸、忠丸、忠助丸、勘徳丸などの旗々の向う、インディゴの浦賀水道の上天には、雪の富士がアルペンローズに光っていた。私は久しぶりに新年という感じを味わった。寮にかえってから私はサザエや空豆をスケッチした。二日ほどいたが仕事はすすまなかった。私はまたリュックを背負って東京に帰ったが途中市川の吉田機司のところに寄ると酔って寝ているという話だった。ざまあ見やがれと、なんとなくすがすがしい思いで市川の砂道をあるいた。

今年の正月はどうしようか、私はまだ何も考えてはいない。考えてはいないが、宿酔の連続だけはしたくない。しかしよくしたもので、今年はどうやら宿酔をしようと思っても肉体の方がガタガタなので宿酔などは寄せつけないようになっている。

五十すぎの学生飲み

私にはまだ酒の味は、実のところよくわからない。味を好むよりは酔いを好む方だからである。五十歳をすぎてもまだ学生飲みなのはそうした点からきている。酒は楽しく飲むのが身上であることは分っていながら、稲妻型の学生飲みを続けているのでは酒を談ずる資格はどうしてもない。そのうちにそうした境地にはいっていけるかもしれないが、いまのところ話の材料といえば後味の悪い失敗談とか宿酔のたぐいしかないのは、なんとしても情けない。人伝てに聞いた水上滝太郎さんの飲みっぷりのようなのは誠に範とすべきものの極上だが、私などには一生かかっても近より難い感じがする。あの人などは学生時代から、ちっとも乱れない堂々とした飲み方らしかったが、こっちは五十をすぎても学生なのだからテンで歯がたたない。ところが私のようなたぐいも稀にはあるようだ。O教授などもどうやら私のたぐいである。

この間私は顔を怪我してねていた。そこへ教授が現われた。彼が現われるときは酔っているときに限るといってもいい。夕方だった。額はバンソウコウをはっている。旅先きから帰ってきたばかりらしく、旅先きでの怪我にちがいない。イヤな時にイヤな奴がきたもんだと私は起きなかったが、そんなことにはお構いなく、彼はアイスボックスの上にのっかってる私の手製の交響楽《シムフォニー》（酒）をグラスに注いで飲み出すのである。この教授に就いては「師走軒並」という一文で触れたことがあったが、知りあったのは初音町時代の「火の車」でだった。

夜中も一時をすぎて提灯をおろそうとしていたとき、ひどい酔っぱらいがはいってきた。

「すみません、もうカンバンですが」

と私がいうと、その客は眼鏡をかけた、もういい加減すわった眼をこっちに向けて、

「なに？　カンバン？　飲ませろ」

ときた。もう駄目ですと私はいった。飲ませろと客は繰返す。一杯だけでいいからと客はくどい。そこでこっちも客と同等の立場になって「いやだといったらいやだ」とガ鳴る。その晩はとうとう、そうして飲まさなかった。翌る晩もO教授は恰度同じ時刻に同じ程度の酔いっぷりで現われた。二人の言い合いがはじまってまた彼は止むなく帰っていった。三晩目、四晩目も同じようなセリフが繰りかえされ、おなじような幕切れだった。そして連続五日目の晩、彼は少し早めに少しばかり酔いもおとなしく現われた。

なんとなく妥協が成立したのである。それからもう三年もたっているが馬で有名なこの教授の学生的飲みっぷりは依然変っていないようである。

　この間も昼少し前に突然ストームされた。もう既に酔っている彼は、これから牧場へ行こう、としきりにすすめる。その時私は何か仕事をしていたのだったが、この分では何も出来ないとあきらめて私もシムフォニーを飲みだした。その挙句の果ては牧場行きとなったのである。然し私はまだ酔うほどでもなかったので、週二回の行事である注射を病院に行ってやってもらい、院長のくれたサントリーも断ってクルマに乗って出発した。ところがクルマが東京を離れる頃になるとなんとなく淋しくなり、ポケットウイスキーや南京豆を仕入れたりした。クルマは道をまちがえて利根川に沿って九十九里の方に向ったり、またもどったり、土浦をすぎ、水戸近くのその牧場に着いたときはもう暗かった。それから二、三日を牧場の快適さのなかで暮してかえってきたのだが、シムフォニーを飲んでる彼に「おいまた牧場へ行こうか」と冗談半分に言おうとしたが、行こうとまともに立ちあがられるよりは、私のお株をとったような毒舌を浴びてる方がまだましだと我慢した。

葬式の万歳

O教授の現われた翌る朝、私たち一行八人は蓼科へ行った。高橋錦吉君のキモ入りで天平の四年忌を山小屋でやろうという仕掛けだった。天平の死んだのは春で、毎年春の命日頃思い出のピクニックなどをやるのだが、今年はサボっていたので紅葉の蓼科行となったのである。その晩も相当飲んだはのんだのだが、なにしろ山でのことなので学生ぶりも無事に終った。最後につくったおじやのなかには酒がはいったり蜜柑の皮やクレソンがはいったり醬油が見当ちがいにどくっと注がれたりの代物を、みんながうまいうまいといって食べたのだから、相当頭にもきていた筈だったろうが天平のテも話のなかに出て来なかったことをのぞいては先ず無事だった。無事でなかったのは、その少し前のことである。義妹の父が死んだ。七十三歳だった。お通夜や火葬や告別式と続いて注意しながらも矢張り学生ぶりが私にはあったのだろう。最後の晩にやらずともいいことを私はしてのけてしまった。

義妹の父はその中年までは色んな苦労を経験した人らしい。しかしその晩年は、はたのものが見ても如何にも幸福そうだった。スピッツをおんぶして散歩に出たり、ラジオの前にしゃがんで好きな番組をきくのが日課のようでもあった。その上家は新築されるし、初孫の顔を見ることも出来た。普請の材木が運ばれてきたときはうれし泣きにないたという。そんなよろこびの重なりが、突然全く苦しみのない往生になったらしかった。

私は親戚総代ということになっていたが、最後の晩、もういい加減酔っていたとはいえ「おじいちゃんは幸福な大往生なんだから、おじいちゃんも僕達も、もう悲しみを打切ってもいいと思います。」

というようなことをいい、お手を拝借となったのである。賛成か不賛成か、みんな賛成のように私には見えたのだが、そこでシャンシャンとなったのである。

あくる日私は流石に少しばかり気がとがめた。少しばかりというのは、私にそう気をとがめない前例があったから――。

私の母が死んだのは七年前だが、その時田舎で葬儀が終っての晩、まだ生きていた父や親戚の者たちのいるところで、私は「母さんが亡くなられたのは残念です。ことに物資や金もなく、悪い環境のなかで亡くなられたのは気の毒です。もっと生きていてもう少し安心して死んで貰いたかったと思います。けれどもいまの状態では楽しく生きてもらえるのはいつか見当もつきません。あの世の方が安穏かもしれません。兎も角、いまになってはもう、あの世で永生きしてもらうより他ありません。そこで母さんの万歳をとなえたいと思います。」

といって、私は母の万歳をとなえ、父や兄弟姉妹や母にとっては孫たちも親戚の人々も万歳に唱和した。そしてなんとも変にかなしかった。

義妹の父の場合も、母の場合も、考えてみればいかにもおとなげない言動だと思えてくる。どっちも酒の酔いが手伝っていて恥しい気持ちになる。けれども、といって私の気持ちにウソはないのだが、そのウソでないところが素直にのみこめるかどうかは疑わしい。

いやそれよりも強いる傾向がないとはいわれない。普通の仕儀にならって深く沈黙するのが本当のように思われる。

ところで私だが、私には何れは死の日が訪れてくるのに相場は決っている。その時は大いに飲んで貰いたい。注文などはただ一つを除いてはなにもない。葬式などは本当のところは要らないのだが、そうヒネクレても仕方がないから、葬儀はいい加減にやってもらうことにして、坊さんの御経のかわりに、第九交響楽のコーラスを唱ってもらいたい。小学生男女諸君の生まの声でなら猶いいが、そんなゼイタクは望むのが場ちがいだから、安っぽい蓄音器でもいい。あのコーラスをやってもらいたい。

悲しみを通しての歓喜もなく、深い苦しみも、悲しみも、そしてまた喜びも、大きな声で言える程の経験を何一つもってはいないが、もっていないからこそ、そんな経験を経たような、そんな気持ちを味わってみたいと、ひとさまにあやかりたい不逞な願望をもつ次第。（但しいまこれを書いている現在は、酔っているのではありません。）

試飲会欠席記

この間二日続けて岩手川と甲州葡萄酒の試飲会があった。岩手川の方は、高村（光太郎）さんなどと何度も飲んだことがあるのでなつかしく、会場である池の端へ出掛けようと思っていた。ところがその朝眼を覚ますと、ひどい二日酔いだった。鏡を見ると顔はまだあかく尋常な二日酔いではない。

けれども私は、その日昼の十一時に渋谷のふるさとという料理屋に行かなければならなかった。飛驒白川の例の合掌作りを解体して運んで来たのを、その儘建てなおしたものので、そこで国際ペン大会の印度代表であるアナダ・サンカル・ライと会うことになっていた。

古くからの友人でインド研究家の坂本徳松君を通じてライ氏が私のところを訪ねたいと申越された。けれどもこっちの家にきてもらっても殺風景だからと、考えた挙句合掌作りをえらび、そしてその日の十一時から一時まで話しあうということになったものだった。だからどうしても出掛けないわけにはゆかない。仕方なく着流しで外にでたが胸はむかつき足はふらふらだった。

前夜は竹林会でデッサンをやり、終ってから石川達三、松田トシさんと三人で銀座のおそめの新店開業祝いに顔を出した。ハイボールを五、六杯程度だったから無事だったが、みんなと別れてからのクルマのゆれで下地がきいていい気持ちになっていた。新宿で降りて結局は四、五軒飲み歩いたのだったらしいが憶えているのは二軒きりだった。

ふるさとに着いたのは十一時五分前、坂本君は既にきて待っていた。ライ氏がまだきていないのを幸い、私はコップに熱燗を一杯所望した。

私がこの家をえらんだのは、日本建築の一つのタイプを見てもらうことと、手打そばをたべさしてみたいというコンタンからであった。ところがそばを打つ職人はどっかの宴会に動員されたらしく、そばは、だから出なかった。ライ氏にとっては試食の難をまぬがれたことになったかもしれない。

ペン大会では椿山荘での最初の晩から二人のインド代表とは可成り度々話した。間もなく案内役の岡倉古志郎氏と現われたライ氏は顔だけは何度も見て知っていたが面と向って話合うのははじめてだった。ライ氏はインドの正式代表で私よりは一つ年下、詩人であり劇作家であり小説も書く。著書は四十冊程あるそうだ。

ライ氏は多くのインド人がそうであるように酒は一滴ものまない。私にとってはいいような悪いようなものであった。二、三本位の酒だと午後は却って苦しくなることが、いつものクセで分っていた。もっと飲めば下地があるので酔っぱらいかねない。ライ氏は精進料理をうまいうまいといってたべながら、よくシャベった。詩の話や岡倉天心とインド婦人との間に交わされたラヴレターのことなど、話はなかなか面白かった。こっちは然しからだに心棒がないみたいで苦しかった。

ライ氏と岡倉氏をクルマでおくってから、私は目黒の坂本君の家へ行った。ウイスキーをのましてもらって、ごろりと横になった。眼がさめるとブランケットがかかっていた。それから改めてまた二人でのみ出した。坂本家得意の中華料理をつまみながら……。七時半、私は坂本家を辞してラジオ東京にクルマを走らせた。なんともうらめしい録音だった。賢治の二十五周年を記念しての特集番組に私は賢治の短篇童話を脚色して、それを山本安英、芥川比呂志、東山千栄子、有馬稲子などの諸氏が朗読した。そして最後に宇野重吉氏が賢治の詩をよんだが、そのあとで私がシメククリに一分半だけ話すことになっていた。一分半という誠に半端な録音なのでついのびのびになっていたが、その晩はどうしてもやってしまわねばならなかった。KRにつくと私はつめたいものを所望した。頭はもうろうとしている。「酒をのまずに水をのむ」。賢治について感想をのべるには、大変不謹慎だとぼんやり思いながら、それでもなんとか録音だけはすました。もうヨクもトクもなかった。ハシゴなどする元気は皆目なくクルマでまっすぐに送ってもらった。そして睡眠薬をウイスキーでのみベッドによこたわった。

翌る日は甲州産のブドウ酒の試飲会が東京会館であった。けれどもそれを思い出したのは、もう試飲のはじまっている二時すぎだった。それに三日酔い気味のからだにブドウ酒はピンと来ない上、思っただけでも重たかった。それに元来、ブドウ酒などというものはさっぱりした時のむんじゃなくては意味がない。そんなことを思いながらも一寸した未練はあった。というのはこの前私は焼酎を地にしたブドウ酒をつくったことがあるのでなんか新しいヒントを得るのではないかと思ったからである。けれどもそれは勧誘状をもらったときに感じたことで、試飲のはじまったその時刻なら、誘いに来られても行きたくはなかっただろう。

五日酔関西記

朝、眼がさめたら宿屋らしい部屋に寝ていた。枕元にはビールと酒の残りがある。隣りの布団には坂本遼がねていた。間もなくこれも詩人の日高てるさんが部屋にはいってきた。きくと心斎橋の宿屋らしいが、どうしてその宿屋に着いたかは記憶にない。前夜広島から大阪につき、出迎えてくれた二人と一緒にのみだしたのだが、二、三軒までは憶えているが、それからあとは皆目見当もつかない。(あとで分ったことだが、小野十三郎と矢内原伊作も駅にでてくれたらしいがチグハグになって会えなかった。)

ひどい宿酔である。けれども前夜飲みはじめる前に相談した法隆寺行を矢張り実行することにした。法隆寺駅に降りると天には一点の雲もなく冬の陽はチリチリするほどまぶしかった。ぶらぶらしながら山門の前にたどりついたが、どうしてもそのまま門をくぐる勇気がない。右側の休屋にはいって畳の上に横になった。二時間ほど。それからようやく山門にはいった。五重塔を中にしての全体の構成は見事だった。百済観音、中宮寺の弥勒菩薩も久しぶりだったが、菩薩の左背後にある蓮の絵は構図も色彩も斬新で美しかった。また後庭の龍柏の群生は原産地の中国でみたどんな龍柏よりも、その緑の炎ぶりがさかんだった。美に対するときにはこっち側にもエネルギーが要る。しまったしまったと私は何度も無言で繰りかえしていた。

大阪には夕方つき歴程の会のある小料理屋へつれてゆかれた。汽車のなかからのウイスキーがまたぞろ酔いの鎌首をもたげ、その夜も結局はしたたか飲み、翌朝眼がさめると六甲山のてっぺん近い坂本の家にいた。朝風呂にはいったが洗うどころか自分でからだをふくのが精一杯だった。それでもテレビの約束があるので寝込んでるわけにもいかなかった。テレビをすましてからやたらに薬をのみ前夜の小料理屋にゆき横になった。ウンウンいいながら新聞の原稿を書き終えると苦しまぎれにウイスキーをほうりこんだ。五、六杯。それから丁度来合わせてくれた日高さんと一緒に京都にたった。京大の研究所にいってる飯沼家では待ちきれないという具合に矢内原伊作を交え鍋をつつきながら飲み始めていた。

翌る朝も、前日ほどではないが酔いがまだ残っていた。けれども旅にでると欲張りたいもので、ＮＨＫのくるまにのっけてもらって嵯峨野へ行った。民家の生垣はどこの家でもほとんどさざんかで白やピンクが点々していた。孟宗の竹藪は雨にけぶっていた。寺では大覚寺と天龍寺を見た。飯沼夫妻も一緒だったが、どっちも庭は先ず先ずである。

それにしても思ったことは東京の寺には庭がないということである。増上寺、浅草寺、護国寺と図体は大きいが庭は全くない。あるのはただの土と空間だけである。京都の寺はいくつあるか知らないが、一度しらみつぶしに見たいものだと思ったのは、矢張り庭や建物の美がそこにあったからだろう。それにしても胸はむかつき下痢気味である。坊主の説明などききながら淡い冷や汗がでてくる。私は寺の便所にゆき袴をぬぎウーンと一と声唸ったりした。

夕方鴨川べりの中華料理の二階の座敷でNHK朝の訪問の深瀬基寛との対談をした。飲みながらノンビリやっていたら十四分程の録音が一時間以上になってしまった。あとで構成が大変だろうと掛りの方に同情した。

それから「骨」という詩の雑誌の同人の会に深瀬さんに連れてゆかれた。途中で飯沼文さんがやってきた頃までは憶えているが、自分が吐きちらしたらしい毒舌も幸いまるっきり記憶がない。けれども汽車が大船についたとき列車ボーイによって京都駅のテンマツをきかされた。私が乗るべき汽車は「明星」であったが実際に乗ったのはその次の列車で、だから「明星」の寝台券はフイになり「この列車の寝台料金は改めていただきます」というのだった。西安から持ってきた麻糸袋のなかには千枚漬の樽が三つはいっていたが一体だれがいれてくれたものか今もってはっきりしない。

深瀬老からは追っつけハガキがきた。何処で別れたか憶えてないが無事につきしやという心配げな文句だった。飯沼さんのプロフィルだけを憶えているというところにかんがみ、酒魔圏に惑星になって突入したのは二人ともほとんど同時刻だったのだろう。

柏木四丁目交番

柏木四丁目の交番には私はずいぶん世話になっている。私のところは分りにくいが初めて訪ねてきた人にきくと大概はその交番かOという酒屋できいてきたという。電話で道のりをきかれるときにも、つい面倒になって柏木四丁目の交番までの道のりを教え、そこの交番できいて下さいと言ってしまう。それどころではない。こんなこともあった。新宿で飲み歩いて相当酔った夜更けのことだが、どうしても自分の家がわからない。自分の家の近辺にはちがいないのだが、その周辺あたりをぐるぐる回っていたらしい。しまいには運転手が怒りだしてしまった。そこで仕方なく大通りにまいもどり例の交番に行って事情をのべ、交番の巡査に私の家を教えてくれとたのんだ。すると親切な巡査はクルマの運転台に乗って私の家まで案内してくれた。プリプリの運転手もそばに巡査がのり合わしているのでは悪態を吐くことも出来ず無事帰宅したわけだが、クルマを降りると私はその巡査に「坊や、坊や、あがって一杯のもう」といったそうである。

私は時々、何かお土産でも持って交番にお礼に行こうと思っていた。ところが向うが交番のせいか、どうもその勇気が、なんとなくてれくさくて出てこない。そんなはてに起ったのが私の家への案内である。

交番には交替の巡査など合わして四人位はいるようだが、どの人がクルマに乗っかってくれたのか、どの人が余計に私の家を色んな人に教えてくれたのか、さっぱり分らない。交番の前はゴーストップだが、光を見たときのもぐらのようなまぶしい気持ちで、いつでも私はうつむいて急ぎ足でそこを通る。

ところで極く最近、またまたまぶしい事件をおこしてしまった。「歴程」の仲間四人で私の家で飲んでいた。すると未知の四十がらみの洋服がだまってはいってきて私のわきに黙って坐った。みんなは私が知ってる男かとも思ったらしいが、そうでもなさそうなので、Mがあなたはどなたですか、ときくと、いや答える必要はないです、といった。それをきくと私はむかっとしてその男を押しだそうとした。すると表へ出ようとする途端に、その男はいきなりUとMの顔をなぐって庭にでた。みんなが怒るのは無理もない。Uとその男の組みあいがはじまり、Uはすっかり優位である。そこで私はUに、そんなゴミみたいな奴とやるのは止せよ、けがらわしい、といった。Uはそいつを離してやった。と次の瞬間、その男と私との組みあいがはじまった。私たちはころがりながら、どうしてもこの男をとっちめなきゃ、ただそのことだけが全意識だった。

結局とっちめたかたちになっているところに柏木四丁目交番の巡査がやってきた。通りで見ていた人が交番に電話したものらしい。離れて見たその男はしたたか鼻血をだしている。交番ではその男を訓諭して帰したそうだが、殴ったためにUの右手ははれあがり、鏡を見ると私の鼻に敵の鼻血の血のりがついていた。私は一寸ニヤッとしたが、よそ行きの着物はちぎれている。これは鼻血をださしたよりもこっちの方が損である。同じ庭で東大農学部のOという馬の教授とやったこともある。どっちがいいも悪いもない。しょっちゅう大事にしている草花が、あくる朝みると目茶苦茶になっていた。

こんな馬鹿々々しい喧嘩などを「若げのいたり」というのなら、五十歳も半ばをすぎてのいまでも若げのいたりの素質が私の中に眠っているらしく、私自身にしてみればすがすがしい気持にはなれない。

若い時のことが思いやられる、とひとさまは考えられるだろうが、それはそのとおりで、その頃ときたら「若げのいたり」の目白押しだった。

一年を吐き出す

睦月《むつき》にはじまる陰暦十二ケ月の名称のなかでスピード感のあるのは師走だけである。弥生《やよい》にしろ水無月《みなづき》にしろその他にしろ、みんなのんびりしている。

一年のフィニッシュ。だからスピード感の出る名前が生れるのも無理はないが、「師走」には庶民の生活感情が裏打ちされている。ながいあいだ「師走浪人」だった私などにはその名称の実感が痛いほどわかる気がする。

ところで、いまは師走だからそのスピードと競走しようというわけではないが、高速道路を突っ走った。前からたのんでいた約束の日に友人がクルマをもってきてくれたおかげである。所沢近くから羽田まで往復三時間の夜のドライブだった。

その日は二日酔で朝から、水のほかは何も私の喉をとおっていなかった。そこで私は元気づけにウイスキーを四、五杯ながしこんでクルマに乗った。なるほど快適なスピードだった。空港のレストランでみんなはカレーライスとビールだったが、私はビールだけだった。クレイジイな音があふれていた。

ドライブのはてにクルマは私の家の前に着いたのだが、家にははいらずに私は雑木林のへりにしゃがんだ。そして吐いた。固形物はなんにもないのだから吐き甲斐《がい》のない吐き方だった。

それから家のソファにしばらく横になっていたが、一年全部を吐きだしたようなせいせいした気持ちにもなったが、一年全部に残るべき固形物がなかったような、そんな味気ない気持にもなった。

十五年のロス

この間文化放送にたのまれて自分の半生を語る羽目になったが、その時私は、酒のためのロスが積り積って十五年分位になったと話した。三百六十五日を静かな晩酌で過すなら宿酔にもならずしたがってロスもないわけだが、私のように乱暴な学生飲みをつづけてきた人間にとっては一年は二百日だったり二百五十日位だったりである。その他の日々は使いものにならない宿酔だった。それを指おり数えてみると割引しても十五年位になった。これはひどいロスをしたものだと冗談ではなく暗然たる気持ちになった。

記憶はもともと悪い方だが、年来よけいひどくなっている。そのくせ英語も中国語ももう少しみっちりやろうと思いたったのは去年の暮で辞書などを手に入れたりした。ロスの十五年間をそれに当てたらなどと思っても後の祭りである。五十五歳の発心では情けないが、それでも今後のロス分をなくしてそれに当てたら、まるっきりのロスよりましなことはたしかである。

五、六年前からの約束の本もまだ手がけていないし、今年は初年から気ぜわしい。からだの方もここ一、二年ガタピシが目立ってきた。他人は若いなどと世辞を言ってくれるが自分のことは自分が一番よく知っている。私も時間や金の余裕が出来たら、錆びついた船体をドックに横たえそれからゆっくり再出発とゆきたいものだ、などと近頃思っている。

禁酒

禁酒して今日で五日目である。武蔵境の日赤を退院したのは一昨年の三月末日だったから、そして退院の日からまた飲みはじめて一日だって休んだことがなかったのだから、ざっと二十七ケ月ぶりの休業である。どうもこれは少しさびしい。小学生のころに学校を休んだことがなかったのに、ちょっとしたことで一日だけ休校したといったときの、変なさびしさに似ている。

もっとも私の禁酒はあと二日で解ける。これは禁酒の最初の日に決めたことだった。あと二日のその日は、実は私の個展の初日だ。幾人かの友人が見にきてくれるはずだが、サンドウィッチをつまんだり、オンザロックくらいはやる寸法になっている。そんな時全然飲まないのも友だち連中にぐあいが悪い。そこで初めっから一週間の禁酒と決めたわけだが、禁を破ったらまたガブガブやろうなどとは思っていない。もともと一週間だけでもやめようと決めたのは、胃の内情からでたもので、それは私の自由意志によるものだったが、その決心の直後、間髪をいれず医者の絶対禁酒命令がでた。私はその時、タイミングが実によかったと思った。もしも私がその日、よし今夜から禁酒して、その代わり睡眠薬を買うことにする、という気持の段取りをもたずに、いきなり医者の命令がでたとすれば、禁酒に踏み切ったかどうかは実にあやしい。九九パーセント踏み切りはしなかったろう。

ところで他人が見ないところでも、目下の私はアルコールをたっている。そして二日後には禁を破る。なんとなくスリルがある。医者は私が二日後に禁を破るコンタンがあることなどは毛頭知らないし、私は事の由来を説明などはしないだろう。で、それからどうなる？　それは私の気持のプライバシーで、目下のところ私自身にもわからない。

山菜談義

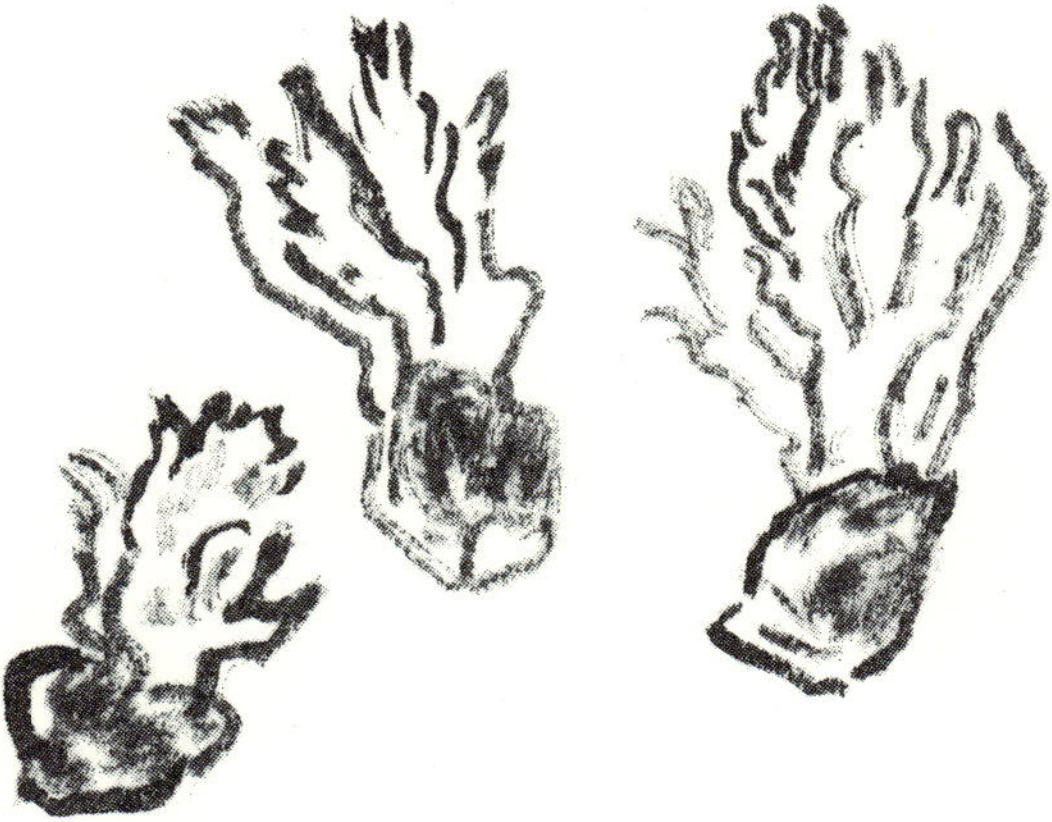

料理寸感

ブルノ・タウトの未亡人が上海でドイツ料理を教えていたことがある。猶太人《ユダヤ》であるための貧困から上海在住の日本婦人たちの希望者に教えていたのだが、先ず第一に極く普通で、そのためにまた家庭料理としては重要な馬鈴薯の料理法から始めたそうである。その馬鈴薯料理の数が二十四種類。

材料の不足は不足として、それだけの種類のやり方だけでも、そんなに知っている人がどの位わが国にはいるだろう。その二分の一、或いは三分の一の分だけでも、はっきり区別をつけてやり得る人がどれだけいることだろうと思うにつけ、何かこつんと突き当るものがある。

食料難のために馬鈴薯はいまや主食の一つになってしまった現状だが、またそれ故に、工夫はいろいろと凝らされている筈である。殊に馬鈴薯の場合、副食兼主食という性格を兼ね備えているのだから、研究によっては二十四種類以上も出来そうである。

麺粉も遂いに主食になってしまった。けれども、現在の私達にはその料理の方法が皆《かい》目《もく》見透しがつかず、見透しはついてもその実行方法が極く幼稚で、言わばまずく只むしゃむしゃ食べて腹の足しにしている程度である。馬鈴薯にしろ麵粉にしろ、その料理の歴史がなかったのだからこれは止むを得ない。止むを得ないにしても現在のままではひどく心もとない。いまからでも歴史をつくることが緊要なことであろう。

もっとも最近では新聞紙上にも、殊に麵粉などの料理方法が時々出ていたりその料理法の展覧なども行われたりしているようであるが、この傾向は、いささか泥縄式ではあるが、大いに助成されなければならない。

中国では、例えば麵粉料理を一例にとっても莢子、麵、焼餅、包子、春巻、饅頭、大餅等々、それに菓子類などをも加えたなら相当の数になるし、そしてまたそのなかの饅頭だけをとってみても、肉を入れたもの、野菜を入れたもの、鰕《えび》を入れたもの、蟹肉を入れたもの、なんにも入れないもの、油で揚げたもの、餡を入れたもの、或いはまた白餡や黒餡に棗《なつめ》を入れたもの、蓮の実を入れたもの、松の実を入れたもの、藤の花を入れたもの、楡の実を入れたもの、月餅のようにごちゃごちゃ入れたもの……そういう風に想い出してゆくとこれまた一寸尽きそうもない。

麵だけの種類にしても日本のそれのとおく及ぶところではない。

遂い横道にそれてしまうことになるが、三年程前、中国日本の友人たちと一緒の晩餐の時、日本料理と中国料理の好さの比較やその種類などの話が出たことがあった。この二つの料理は、性格に於てまるで違うのだから比較するにも実は正しくは六カ敷いが、種類は数字なのだから簡単だと、それぞれみんな食通ぶって名前を並べたところ矢張り敗けになった。

それで私は「私」という日本の一人称の、その呼称の変化を言い出した。

わたくし、わたし、あたくし、あたし、あたい、わたい、わてえ、あてえ、うち、わらわ、わちき、わし、てめえ、うちとこ、我輩、余輩、不肖、小生、愚生、われ、手前、わい、おいら、拙者、こちとら、自分、僕、俺、おいどん、おら、あっし、みども、まろ、余、我、私、おい、等々。

まだまだ恐らくはあるだろうし、また会話語も方言も文章語もごっちゃになっていて単語を並べただけのもので雑然としているが、その席上で、こん度は中国の友人が、三十分程で書いたノートによると、

我、余、朕、寡人、拙者、奴、愚、僕、鄙人、小生、不肖生、弟、晩、愚生、咱、自、不佞、本拙、本席、吾、儂、私、我自己、不走、牛馬走、某、晩生、学生、後学、小子、賤、敝人、兄弟、本人、奴才、妾、臣、奴妾、児、不孝、女、男、小卒、職、卑職、卑、小人、小官、野人、僧人、小僧、俺、野道、小妹、愚兄、愚妹、村人、山人……

その友人は言語学者でもまた文学者でもない。晩餐の席でただ思い出すままに挙げたもので、しかもここには方言もなく会話語も、先ず「我」しか這入っていない。言わば総てが文章語なのである。日本側の私たちはあっさり兜をぬいでしまった。

この比較が直接料理には関係ないが、それでも種類の多いことに於てだけは中国の料理にも共通している。

元来日本料理は犠牲の料理であり、中国の料理は抱擁の料理である。日本料理の場合、高級になればなるほど、犠牲を多くして、日本以外の外国の場合だと必要と思われる部分も捨ててしまう。これは魚の場合でも鳥や牛豚の場合でも同じことである。豚の鼻や足の料理がヨーロッパや中国にあるような、そんなことは日本にはない。

鰹節にしろ、そのまんなかだけを食べたいようなそうした欲望は高貴で美しい。犠牲を賭けての高さへの追求と憧憬である。一皿の鯛の刺身、ふぐの刺身、あの燦然たる美術のためにはずいぶんの犠牲が要る。

南京での私の阿媽は、鶏の料理の場合、捨てるのは羽だけ、血もお椀に水を盛った上に、極く大事にたらしこむのである。そしてその凝固した血を千切りにしてスープにする。鶏冠や脚などは言うまでもない。日本で犠牲にしてしまう皮が、中国では一番珍重がられることも周知のことだ。

日本料理の材料は鎖国的だけれども、私達のよく知っている中国料理の材料である椎茸やなまこや鱶《ふか》のひれなどは大体日本からのものであるし、海燕の巣は南洋、鱶のひれでも上等のは遠くアテネ海で獲れるものである。

日本料理の清楚、淡泊、美観といった性格も、然しながら中国との事変からすすんできて、それが終戦となって益々、色んな面に於て変貌を余儀なくされてきているようである。中国式の貪婪な抱擁への方向へ転換しなければならない破目になってきている。いつの間にか市井《しせい》の巷から自ずと中国式方途を執るようになってきているようである。南瓜の種の利用なんかも一つの例だし、牛や豚の臓物の要用の多くなったのもこの傾向を物語っている。

もしも地球上の料理を大きく三つに分けるとすると、日本、中国、西洋一般がクローズアップされる。ここで一応断わらなければならないのは、例えばイタリア料理、ドイツ料理、フランス、ロシアという風にそれぞれ違った料理の方法があるにはあるけれども、同じ東洋にありながら日本と中国の料理のようにはっきりした区劃はない。

もしも日本と中国の料理を二つの高い峰とするならば、西洋式料理一般は、その間に横たわる多数の峰を含んだ広袤《こうぼう》たる高原地帯だといえそうな気がするのである。しかも日本の峰は一本の清流によって高原地帯から離れているが、中国のは高原にじかに続いている。さびとかわびというものが或る程度孤立しているように、さしみとか寿司とかも孤立している。西洋式の高原地帯から孤立しているように、中国の峰からも孤立している。ところが孤立は遂いに自壊作用をおこし、その結果、地理的に一番近い中国の峰への清流に橋をかけなければならない立場になってきている。国内に於ても西洋式、中国式の方法が自壊作用のその崩壊地帯から、始めて呱々の声をあげようとしている。

従来とも中国料理も西洋料理もあったけれども、これは如何にも植民地的なものであって「インデアン」「カレイライス」「ライスカレー」その言葉の混沌が示すような変ちきりんのものであったし、高級のものでもその程度は恐らくずいぶん低いものであっただろうと思われる。このことは日本に於ける中国料理も同じことである。一度でも中国の土を踏んだものならそのことを極く素直に体験したことであろうと思う。

日本は実質的には、明治以来初めて国際的な城壁をとりはずした。取りはずされた。色んな気流が流れこんできている。その当然な帰結として料理に於ても合理的な混沌、新しい研究が行われるだろうと思われる。まるで初めてであったかのように新鮮な混沌が、或る程度落着いた先から始まるだろう。これは大変自然でもありごく当り前のことでもある。けれども能や文楽や茶道などが、日本独特でそしてまた時に世界性を、その高さ故にもっているが、そのように日本料理の、独特にして美しく高いもの、また市井や田舎ののっぴきならないものなどはどうしてもこれを守らなければならないし、また延々とつづいて行くにちがいない。抱擁と合理、これが新しい日本の料理の推進方向であろうが、といって富士山の雪が何時までも清潔な青光りを放つだろうように、日本の純粋な料理もそうあって欲しいと希《ねが》うものである。

母の舌

戦争前、母が病気のときに、くず湯をこしらえてくれというので、私はコーヒーのくず湯をこしらえてやったことがある。

私自身、そんなものを、それまでに考えたこともなかったので咄嗟の思いつきだったにちがいない。母はバターを入れた味噌汁が好きだった。そんなことからコーヒーとくずとをまぜたらなどと思いついたのかもしれない。

ところがその妙ちきりんな飲みものが母を大変感動さした。

「おいしいわ」

と、溜息まじりにそういった。たしかに母はおいしそうにそれをたべた。

その時から母は十数年生きながらえていたのだが、一年に一度位は、そのくずコーヒーのおいしかったことを話した。そしてその原因を愛情というドエライお題目に帰納させて、妹たちをたしなめる教材の一つにしたのだが、私にしても妹たちにしても、度々チグハグな思いだった。

実際のところはどうだったのだろう。そのときは「おいしい」と思ったのにちがいないが、おいしいと感ずることには条件がつきものになる。味とあたりの条件どもが具合よくマッチした結果なのだろう。けれども味それ自体がそんなにシュンとしたものでないことだけは分る。それはそんなに溜息まじりにおいしいと言った母も、その後くずコーヒーをつくってくれとは一度も言わなかったから――。言わなかったことはまた、或いは、も一度食べても、病気のときのようには「おいしい」とは感じないだろうという予想があって、曽ての舌の記憶をでんぐり返すような破目になるのはいやだと思ったことによるのかもしれない。うれしい幻影としてとっておきたかったのかもしれない。何れにしろ、くずコーヒーなんて代物が、うまかろう筈はない。

舌があんまり記憶がいいと辛いだろうと思う。敗戦後、母は福島の田舎に疎開し、そこへ私も南京を引きあげて一緒の生活がはじまったのだが、母はその時、ようようの思いで手にいれた菜種油の一升罎を、手でなでながらうれしがった。

ところがその日の夜になると、その一升罎を私たちの部屋にもってきて、とても食べられないからと言っておいていった。母の舌はゴマとかサラダとかオリーヴとかの記憶がまだ残っていたのだろうと思う。

母の舌を考えると、思い出が次々と湧いてくる。

敗戦二年後に、私が九州大学に講演に行ったとき、ただ一つだけ、お土産にガン漬を買ってきてくれとたのまれた。福岡ではなかなかそれが見つからなかった。土地の人にたのんでようやく探しだしたのを持って帰ると、母は手ばなしで涙をながし、それから改めて手をついて、ありがとう御座いましたと、御礼を言った。

その母から出されるものでは、私はお茶が一番好きだった。茶の種類で、それぞれ適度の温度、量、色合い……そんなことは当り前のことなのだろうが、それでもそれが私にはうれしかった。

私は旅に出る度に、小さな茶缶に茶を入れて出掛ける。宿屋では自分でいれる。女中たちの暴力のようなお湯の注ぎ方などに堪えるには相当の忍耐が要るからだ。言わばつまらない煩雑さだが、こんな私の習慣も、どうやら母の影響のような気がして苦笑することがある。

子供のときからずっと東京だった母は、東京へ帰りたがっていたが、その望みも実現出来ず疎開地で死んだ。

その死の少し前、母の舌は東京の食いものをなにかにと思い出してたようだった。到頭我慢出来なくなったらしく、当時東京にいた義弟に手紙を書いたらしい。

早速疎開地にやってきた義弟は、食いものの包みをほどいた。すしやトンカツやいろいろ。

「まあ、ありがたい」

といって母は、拝むようにして東京の食いものをみていたが、色のかわったすしや冷たいトンカツを食う勇気は出ないらしかった。母は箸をとって

「いただいたつもり」

といって、トンカツやすしに箸の先きを触れ、そうして箸をおいた。

山菜

印旛沼近くから来る百姓のおばさんが、今日は草餅とセリを持ってきた。

草餅のしめった艶《つや》のある緑は、機械染料などとはまるでちがった言わば天然色素で、コクがあって実に美しい。セリの茎をちぎると、セリ特有のシュンとした匂いが鼻辺にただよう。

到頭春がきたのかと、私は周章《あわ》て気味になった。そして自分の記憶にある方々の野原や山に一斉に飛びたって行く思いになった。否応なしに耳ではトラックの音をききながら。

草餅ができる位だから、餅草はもう程よい加減にのびているのだろう。セリは水芹《みずせり》ではなく田の畔《あぜ》に匐《は》ってる奴だが、これもこの位にのびていると、セリの近くにはスカンポやオオバコの新芽、ホトケノザやイヌフグリの小さなコバルトの花も咲いてるだろう。そうするとフキのトウはもう過ぎたのか、それともこれからだろうかなどと考えているうちに、いつの間にか私の中に巣喰っている喰いしん坊のため、頭のなかは春の山菜でいっぱいになってしまった。

蕗《ふき》の薹《とう》などをはしりにして、春もそのまんなか頃になると、ミズ、タラの芽、ワラビ、ゼンマイ、ウドと、一年中を通じて山菜の一番にぎやかな時期になる。ミズのしゃきしゃきした清楚な味もいいが、それらのなかで私は、タラと山ウドが特に好きだ。ゼンマイのくるくる巻きの綿帽子は、舌よりもむしろ眼を楽しましてくれる。

タラの芽をとると枝を出さないから、これはまるで残酷な仕打ちなのだが、あの芽たちをゆでて胡麻あえにすると、とんでもなくいい味がする。子虎の舌の舌ざわりを思わせるような、まだ柔かい小さなトゲの痛くない痛さもいいし匂いもいい。けれども匂いだけを取上げれば、山ウドには一寸かなわない。ゆうべも実は、八百屋からウドを買ってきて一杯やったが、東京のウドの色の白さは先ずいいとしても、匂いや味は薄くて水っぽくていただけない。そこへいくと山ウドは、あの濃緑の胴体は勿論、生ぶ毛をはやした葉っぱだっていい。蓼科にいた頃私は、もう時期をすぎた山ウドの葉っぱをちぎってきては細かくきざんでよく味噌汁に入れたものだ。小皿に盛った緑のミジンを、湯気たつ汁椀にふりかける。と、水に油をたらした時のような素早さで、ウドの香りは椀に満ちる。

蓼科といえばまた思い出すが、岩魚のいるあすこの川にはクレソンの群落があった。

いまでもある。クレソンは洋食に附けるものとしてはパセリーよりは遥かに上品で味もまたいい。

此間日本橋で独りで洋食をたべた時、クレソンが添えてあったが、なんとなくやせていて色も貧弱だった。蓼科のは緑も紫がかっていて葉も茎も肥えていた。それがみっちり群生しているのだから、いくら採ったって採りきれるものではない。手製のマヨネーズでそれをたべるわけだが、雪をかぶっても真夏でも平気だから猶更助かる。東京では小石川の植物園と成城ちかくで見つけたが、どっちも湧水のところに群生していた。

山菜とはどうしても言えないが、あやめやレンゲツツジの花びらも乙である。白い皿にあの紫と黄の花びらを並べて食塩をおとしてたべるのが最も簡単な方法だが、その冷たい舌ざわり、可憐な歯ごたえ、清潔な味、洋酒にもいけるしパンにもいける。

今年も山菜の季節がめぐってきたわけだが、一度位はどこかの山間の部落ででも、新鮮な奴を食べたいものだと希っている。

けれども何処へも行けなかったら、あやめやツツジの代りに、少し高価だが牡丹やくちなしを買って、活け花として散々眺めてから、しおれかかった花びらたちを二杯酢にして、せめては憂さをはらしたいものと思っている。

山菜の旅

仙台へ着くといきなり私は眼鏡屋へ行った。その晩の講演に人々の顔がぼんやりとしか見えなくてはやりにくいからだった。ところで私は、その直前眼鏡を二つ紛失した。東京から米子への旅で汽車のなか、気がついたので探したがどうしても見当らなかった。そこで皆生《かいけ》の旅館に行く途中で眼鏡を買った。その眼鏡をまた京都で忘れ、気がついたのは東京に帰ってきてからだった。そして眼鏡のかわりに出て来たのは鉄製の牛の文鎮だった。全く見覚えのない代物である。由来のわからない代物というのはいささか不気味なもので、私はその一寸五分（四・五センチ）ほどのウシを机の抽出しにしまっておいた。間もなく深瀬基寛からたよりがあった。それによると熊鷹という飲み屋で飲みながら、深瀬さんは私に自慢してやろうと思って、何くわぬ顔でスタンドの台においたら、オウとか何とか私がいって、そのウシは私のポケットに消えてしまったのだそうである。ところでまた矢内原伊作のたよりによると、眼鏡は友人にあずけて、目下池袋の〇というバアにあるはずだから、取りに行くようにとのことだが、仙台の眼鏡が目下はあるので周章《あわ》てることもない。

「仙台眼鏡」はニッケル縁の極安物で、東京に帰って来たらみんなに軽蔑されたが、私は満更でもないと思っている。実は白状すると米子への汽車中でなくした眼鏡は私のものではなくH青年の所持品だった。私のは酔ったとき微塵にくだけた。自分のものでもヒトのものでも、しょっちゅう無くしているのでは安いものを買うのも止むを得ないし、掛けてる以上、満更でもないと思う方が気持ちの上で有利である。

さて、講演は仕方がないとして待望していたものにホヤと山菜があった。仕事が終ってから先ず炉ばたという飲み屋をスタートにして、二、三日は山菜に幾分食傷気味になる程タンノウした。

その夜、作並温泉に着いたのは大分おそかったが、そこまで送りとどけてくれた島野仙台市長などとの、山菜をおかずの酒盛りがはじまった。みんな五十から六十の、言わば老連だが他愛ないものだった。根曲りタケノコ、タランボ、シドケ、ワラビ、山ウドなどが、それぞれちがった香りと風味をもっていた。

作並は蔵王の東側のふもと、広瀬川上流の渓谷に面している。部屋付きのフロもあるが、私たちは何十段もの階段を降りて岩ブロにはいった。ガランとした屋根は一応あるが三方あけっぱなしの野天ブロ、岩の湯に山ザクラの花びらが、どこからか舞いおちてきた。カツラのことにきわだった新緑のもりあがりは、朝陽をうけて鹿の子まだら、カッコウの和音、全くのんびりしたものだった。

その日は一応また仙台にもどり青葉城なんかをぶらついてから峩々温泉に行った。ここは作並よりももっと蔵王に近く、宿屋は一軒しかない。名取川の黄色い奔流を前にして峨峨とした岩壁が額に迫ってくる思いがする。昔は怪我をしたシカやクマなどが、このいでゆでゆあみしたという話をきいた。いまは湯治客でにぎわっている。ここの湯は胃腸に効くらしく、薄暗い大きな湯ぶねのまわりには、主に中年から老年の男や女があお向けにねそべっている。いるだけではない、ブリキのカンでお湯をくんでは胃のあたりにかけている。単調なその動作を何百ペンも繰りかえしている。それだけだと一寸気味悪いパントマイムだが、湯かけにあきると湯ぶねのへりに腰かけてだれかがうたう。するとまたそれをリレーするように他のだれかがうたう。歌うのはきまって女のようだが、ここの客は宮城、福島、山形の農家の人たちが多いようで、所望するとすぐ歌ってくれる。おかげで私たちはさんさしぐれや相馬流れ山やおばこなどをその的確な方言できくことができた。歌にあきるとバチャンバチャンとカエル泳ぎをする女もいた。そんな時でもブリキカンの湯かけは同じようなリズムで続けられていた。賽《さい》の磧《かわら》は蔵王中腹の岩石帯だが、吹きだまりには二メートルばかりのカメの子型のすすけた雪が残っている。その辺ではちびたミズナラなども、これから芽を吹きだそうとしてるころ合いだった。

翌る日の昼は鎌先温泉だった。弥次郎こけしの元祖の家が近くにあるというので、みんなで出掛けた。ちっちゃな木工場もみせてもらい、一番でっかいのもゆずってもらったが、納屋のひさしにぶらさがっているシミダイコンが眼についた。ダイコンを丸ごとフジのつるで突き刺したものだそうだが、そのベッコウ色も香りも見事なので、これもねだってゆずってもらった。

鎌先の食膳にも山菜とさかずきが並んだ。ニジマスも出たが、もういい加減けだものの肉が欲しくなっていた。二の膳にのっかっているトンカツを食えばいいわけだが、といってハシをつける気にもならなかった。一つにはもうろうとなっていたせいでもあったろう。

河上徹太郎は昼の鎌先から一足さきに白石にでて東京に帰り、私たちはその夜は小原温泉に泊った。飲みの方の相棒がいなくなったのだから、それからはもっぱら風景をたんのうすればいいはずだったのに、長老沼も硯石も小原温泉ももうろうとしたモヤの記憶だけしかない。毎日の下地があった上に飲みの相棒がいなくなったことのホッとした反動が、却っていけなかったのかも知れない。

旅の食膳

地方の小都市や温泉地などを旅すると、二の膳付きの夕食を出されたりすることが度々あるが、右側に添えられる小膳には時たまハムとかオムレツの皿が並べられたり、ソーセージとかハムエッグスがついたりする。よほど腹ペコでないかぎり、私はそうしたものに箸をつけない。赤ッぽい安ハムなど、私は色をみただけでもウンザリしてしまう。オムレツとかフライドエッグスなどは一応温度で食べるものだが、冷たくなったオムレツなど見るにもたえない。

地方に行けば、なろうことなら、その地方独特な料理をたべたいと思うのが都会人に共通した希望だろうが、向うは向うで都会人らしい客人だから都会的な料理を出そうと思うのかもしれない。どうも困った落差である。

私はきのう裏日本の講演の旅から帰ったところだが、食いものの点ではオムレツなどを見ないで済んだのは助かった。

講演は酒田と遊佐と松嶺と、予期しない一日三つの強行で、私は全く面食らったが、それでもたった一人に解放されての夕食は静かでよかった。食膳の碗には美しい生えびの裸が並べてあった。いわばえびの刺身である。生のえびなら東京でいくらも食べているが、東京で食べるえびとは種類がちがうようであった。車えびと芝えびとの中間位の大きさで、皮をむかれた裸の色は海棠の花びらのように少し紫をおびた鮮かな赤だった。あぶらがのっていて誠にうまい。昔私は蘇州で、ピンピン跳ねてる小えびを箸でつまんで、とろっとした味噌につけて食べたことがある。それもおいしかったが、その海棠えびはもっとうまかった。尾っぽも歯ごたえあってよかった。

「なんていう名前?」

と女中さんにきいたら、

「えびコです」

という。酒田の海でとれるらしいが、あの辺ではえびはこの一種類だけで、他のえびと区別することがいらないために、特別に名前をつけることも要らないのかもしれない。ハタハタの田楽もまたよかった。

その菊水ホテルには中川一政の軸がかかっていたり、井伏鱒二や火野葦平の諸氏も泊ったと女中さんがいっていた。また署名簿には力道山の自筆の大きな字が書かれてあった。それらの人々も「海棠えび」を試みただろうし私のたべなかったハタハタの湯揚げ

（水たき）を楽しんだかもしれない。そして恐らく変な東京まがいものよりも、それらの土地ものをよろこんだろう、と私は思った。

松嶺での昼には八ツ目鰻のテリヤキを食べた。それは冷たくて残念だったが、最上川でとれた大きな八ツ目鰻は、冷たくても兎も角食べられた。松嶺は城下町でおちついており、その文八という料理屋は図体がいやに大きく、のんびりしていてよかった。

旅と花と魚と

この間、といっても六月だが、手白沢温泉に行った。川治から鬼怒川に沿って山道をバスで三時間かかって川俣に着き、そこから歩いて四時間半、朝六時に浅草をたって着いたのは夕方だった。手白沢の激しい流れの上にあるたった一軒の温泉宿だが、標高は千七百メートルで、無論デンキなどはない。

絵描きの辻まことは二十年も昔からこの宿屋とはなじみで、その時も妻子連れで山ごもりをしていたが、辻君は川俣まで迎えにきてくれた。私たち一行は山本太郎、とその細君と妹、私の四人連れだったが、私は可成りへばった。筧から流れてくる温泉にひたったときは、けれどもまるっきり蘇った思いだった。葉っぱのないムラサキヤシオの花が紫の靄のように咲いていた。その背景には桂や沢ぐるみの新緑、更にその遥かとおくの高みにはけぶる緑のなかの雪の縦縞。

泊り客は私たちの仲間だけなので、いつも食事は囲炉裏ばただった。最初の晩からブナの火をかこんで酒盛になった。翌る日は予定通り島崎蓊助と会田綱雄が雨のなかをたどりついた。

いつの間にか私はコック長という職にノシあがったが、そうなると新助沢などに岩魚釣りにいっても、自然山菜などに気をくばらなければならなかった。そして私たちは熊笹のタケノコや山うどやわさびなどをとった。蕗はうんざりする程あったがとらなかった。

私たちは桂やトチなどの新木を小さなシャベルでとってリュックに入れたりもした。

翌る日は日光沢にでて露天風呂にはいったり、鬼怒川本流の石河原の山際のところの暖かい沸き湯の近くで沢蟹をしこたま採った。鬼怒川の本流に沿っては日光沢と加仁湯と二つのちっぽけな温泉宿があるが、私たちはその日光沢で蟹を炭火で焼いてたべたりビールをのんだりした。

ランプなので、夕方になるといくらか周章てて料理にとりかかることになる。熊笹の筍は皮をむいてゆでこぼす。それを生醬油や酢味噌でたべたり、うどは生で、そして葉っぱのところは微塵にきざんで筍と若芽の味噌汁に入れる。わさびはすらずに薄く切って醬油か味噌で、タラの新芽はゆでて酢味噌で、山毛欅の平の麓の水溜りで採ってきたクレソンにはフレンチドレッシングをかけて、その他いろいろ、岩魚はもちろん。宿に泊っているのは私たちだけだが、それでも同勢九人だから却々大変である。料理も半分位出揃うと男たちは酒をはじめる。

「コック長、コック長、これどうすんのよ」

台所からの声で行ってみると、それは河原におっこってたのを私が拾ってきたハンの木の金モールの枯れ花だった。

私たちは三晩泊って、野沢峠を越えて丸沼に出て、そこからまたバスで三時間（西には谷川嶽、北には武尊《ほだか》、東南に裏赤城）沼田から汽車で帰ったが、一番へばったのは一番年上の私、次には会田、蓊助、太郎の順、ベテランの辻は子供をおんぶし、三人の女連中は最後までシャッキリしていた。

七月にはいってからは阿武隈に行った。川内村という、これも岩魚のうんといる部落である。モリアオガエルのいる平伏という沼のある山に登った。この時は同勢八人だった。長福寺という禅寺に泊ったが、六十年たったというまむし酒をのんだ。蛇のかたちはそうくずれてはいなかったが、焼酎の味は殆んどなく、いやにさらりとしたものだった。みんな袈裟を着て、にわか生臭さの記念撮影をした。

手白沢界隈からとってきたトチとシャクナゲはついたが、カツラは枯れてしまった。ゴゼンタチバナは来年は芽を出すだろうと思う。それは恰度、東京へたどりついた翌る日に小さなシャクヤク型の白い花をさかしたが、果してゴゼンタチバナであるかどうかはあやしい。トクサもついた。これら手白沢族のほかに、いま私のちっちゃな庭に咲いているのは、桔梗、鳳仙花、のこぎり草の白と赤、カンナ、松葉牡丹、山百合、赤まんま、大待宵草、水蝶花、ひょうたん、きりん草、ひまわりなどだが、いちばん豪華なのは大待宵草で、二株しかないが、いまのところ毎晩四十から五十位までの花がひらく。

地球の日暮るるを待ちて爆発する花よ。
聖十字の。
徹夜して燃ゆる炎よ。

二十代の作品だけに流石に荒っぽい。陽のはいった夕暮の蒼闇のなかで、清純な薄い花びらが次々にほぐれてゆくさまはいのちをジカに感じさせる。鳳仙花の実もだんだんふくらんできているが、いのちといえば、あれらがはじけとぶときは誠に喝采に価する。水蝶花はひるまも咲いてはいるが、そのピンクの翅をひろげはじめるのは大待宵草と同じ頃合いで、これらはまた黄色い十字架などはつけずに、十代の少女たちがかたまってコーラスでも唄っているように華やかである。

草花は最初に咲く花が一番エネルギッシュで美しいと思われるが、最後に近い花々は幾分いたいたしく、それだけまた可憐に思える。朝陽をうけて露草はまだ毎朝十五、六花を咲かせているが、なんとなく私自身の山登りを連想させたりする。一寸切ないが、色は鱶の胆よりも恐らくは美しい。

部屋の中には枯れた花が二つある。どっちももう枯れてから二タ月にもなるのだが、チースは生きていたときよりもキレイな薄紫になっている。貝殻草というのは、なんとも不気味な花である。たった一輪の花だけ部屋のなかにあるのだが、キチキチ音をたてるその堅い花弁が時々心持ちしぼんだりひらいたりする。湿度とか温度とかに鋭敏なのだろうか、それにしても死んだ花なのだから化物じみていて薄気味悪い。ただ色が呑気な黄色なので、こっちも呑気にそのままにしている。

私のちっちゃな庭の片隅にちっちゃな池がある。いまは二匹のたなごと、五匹のめだかがいるが、十五日ほど前から合計すると五、六十匹になりそうなチッチャなたなごが泳ぎだした。五匹のうち二匹がメスでそれが産んだのだが、初め三株だったほていあおいが今は十二株にもなって池の半分を埋めているから、めだかの子たちの数はもっと多いかも知れない。めだかは十五、六日間に三回か四回産卵している。彼女たちの卵は腹の外部にかたまってついているが、産卵を終えるとすぺっとそれがなくなる。するとまた一日か二日すると下腹部に卵がかたまっている。平気で泳いでいるのによく卵たちがふり落されないものだと感心するが、卵をつけたまま二日位泳いでいると、いつの間にかそれがなくなっている。私はひまな時には日に何回も産卵の現場を見ようと思って池の端にしゃがみこんでいるのだが、ついいましがた見たら、今朝かたまっていた卵はもうさっぱりしていた。二匹ともそうだった。だから生れた子どもたちは一センチから三ミリ位まで四段階位分れている。

ところで親の五匹のめだかは実は十数匹のうちの生き残り組で、たなごも七匹位いたのが二匹になってしまった。金魚は小さいのが二十匹ほどいたし、真鯉も二十センチ程のが一匹とあとは小さいのが四匹いた。それが次々と死んでいった。金魚に発生した皮膚病のためだった。

金魚屋へききに行ったが、その治療法は分らなかったので、薬局に行くと赤チンをつけて御覧なさいといった。私は蓼科の小舎においたままになっている阿部舜吾さんの「金魚」を思い出したが、即急に持ってくるわけにも行かないし、あれは立派な本だが皮膚病の治療法は書いてなかったような気もし、それはむしろ「金魚の飼い方」といった本がてっとり早いと思ったが、兎も角赤チンを買って帰ってきた。

私は池をほして、バケツに魚たちを入れ、その一匹を掌にのっけ、赤チンをつけ、水の満ちた池にすんだのから次々にまた入れてやった。

赤チンをつけられた金魚や鯉は、水にはいるとあたりを少しばかり石油色にそめながら泳いでゆく。その時いまいるたなごやめだかにも赤チンはつけたのだが、鯉も金魚も死に、たなごもめだかも幾匹か死んだので、これらもやがて死ぬだろう、死んだら池の水を干してしばらく日光に曝し、それから改めて「金魚の飼い方」から始めようと思っていた。ところがその赤チンから一ヶ月半もたったのに五匹と二匹は遂に死なず、いまや大産卵となったのだが、専門家でない私にとってはどうも不思議なことである。赤チンがよかったのか、悪かったのか、それも分らない。

旅とお茶

去年は一月の天竜峡界隈を手はじめに、釜石、九十九里浜一帯や蓼科、那須、会津喜多方、二本松、水郷地方、美濃中津川、仙台、南伊豆、阿武隈、前橋、宇都宮などとホッツキ歩いた。今年は山陰からはじまりそうである。

時たま忘れることもあるが、大概の場合私は玉露や緑茶の小さなカンを道づれにする。旅の宿屋のお茶がまずいせいもあるが、それはまたまずいならまずいなりにガマンも出来るが、こっちは一人しかいないのに、大土瓶いっぱいに、あっというまにどくどくと注がれてしまう。あの暴力的注ぎ方に参ってしまうからである。お茶碗七杯分位のお湯に、土瓶の中の茶が一時にほぐれはじめているのかと思うとそれだけでこっちはうんざりしてしまう。だから近頃は、自分がするからキウスだけ欲しいと、女中さんに歎願することにしている。一人の場合はそれでもいいが、二、三人でも一緒だと、それもきざっぽくていいきれない。私にとっての旅の悩みの種の一つである。

ところで数年前、盛岡に行ったときのことである。残念ながら宿屋の名前を忘れてしまったが、棟方志功君の版画が数枚飾ってある宿屋だったから（ああ、あの宿かと思い当る人もいるかもしれない）その宿でいいお茶を大変心をこめて出してくれた。それを未だによく憶えている。

ところで去年、彫刻家のS氏と一緒に二本松へ行ったとき岳温泉のしゃくなげ荘というのにとまった。するとS氏は玉露をごくていねいにいれてくれた。女中には彼女のコケンをきずつけないように気をくばり乍ら。成る程似たやり方をする人もいるものだな、と私は内心微笑を禁じ得なかった。

ところで話はとぶけれども中国の場合だと、鉄観音などという上品なお茶は別として、普通のお茶だと暴力的に注がないと感じがまるで出て来ない。ホテルのボーイはお茶のはいっている茶碗に口の長い真鍮の湯注ぎから、思いきってこぼれる程熱湯をつぐ。それに蓋をし、その蓋をうまくあやつって呑みこむのだが、暴力が、暴力でなくなるのは所詮はお茶の性質のちがいからくることは勿論だ。

山椒魚を食べた話

いもりも、やもりも私はきらいだ。

学生時代の一時期を、私はいやでも応でもやもりと一緒に暮さなければならなかった。広州での大学生のときだったが、毎年雨期から夏にかけて寄宿舎の壁に息づいている半透明な灰色のやもりを見るとゾっとした。それを殺せばいなくなるか、すくなくとも数はへったにちがいないが、私はそれを殺すのがこわかった。やもりは蚊をたべる。窓には蚊よけの金網が張ってあったのだが、それでもドアのあけたてなどに一匹か二匹の蚊がはいり、それをやもりは待機している。蚊のシーズンオフまでは私はノイローゼのまま、やもりと同居しなければならなかった。

いもりもいやだ。あの腹のザラザラした、そしてあの鮮明な赤は不気味だ。モリアオガエルは周知のように、木の枝や葉っぱに電気飴状の卵を生みつけるが、そのなかで生長したおたまじゃくしは、そこから下の沼におちて一本立ちになる。この天然記念物は阿武隈山系の平伏沼にもいるが、そこにはいもり共が相当いて、泳ぎだしたおたまじゃくしを食いちらす。それだけを考えても、私はいもりをにくむ。

ところで山椒魚だが、これはいもりの親戚である。どこかいもりに輪をかけたグロテスクな豪族である。その山椒魚を食べたんだから、私もどうかしている。

四年前のことだった。画家や詩人の連中数人と奥日光の手白沢にいったことがある。川治からはいり、帰りは野沢峠を越えて丸沼にでて東京にまいもどった。手白沢にしろ加仁湯にしろ、温泉宿は夫々一軒しかない。鬼怒川の川っぷちには、あったかい湯がぷくぷく沸きあがっているところもあり、そんな近くには沢蟹が沢山いた。それを洗面器にいっぱい採ってきてカラ揚げにして食べたがおいしかった。

ところで山椒魚だが、私たちは小半日鬼怒の支流新助沢に岩魚釣りにでかけた。(山本太郎は熊を撃つんだなどと軽はずみの豪語をしながら、宿屋から鉄砲を借りて一緒に沢をのぼっていったが、ようやく見つかった野兎を狙ったときには、もう何処へ行ったか分らず、だから彼にとっては鉄砲とはただもって歩くだけのものにすぎなかった。)

なにしろ男女合わせて八人が一本の竿を廻し持ちしてという具合なのだから、釣りなどとは言えない。物見遊山の釣りなどとも言えない。そのようにズブの素人だから、実は余計に、たった一匹でも一番最初に釣りあげたいのが、殊更女人の人情とも言うべきか。それが辻まことと夫人によって実現した。

「あッあッ心平さん、早く早くシャシン」

私がシャッターを切ったと殆んど同時に岩魚はもんどり打って元の小淵にもぐってしまった。

いずれこっちが凄えのを釣ってやろうと、私は小さな石をぐらつかせては川虫を探していた。とそのとき、薬指ほどの長さの山椒魚が、もちゃげた石の下にいた。私はそれを掌の上にのっけたが、ふいと口の中にほうりこんでしまった。(喉仏のところをよじれるように降りてゆくその感触を、私はまだ憶えている。)いもり、山椒魚などイヤな標本みたいなものを、何故呑んだのか、その理由は分らない。ただそれが、大人のグロテスク以前の容姿であったことだけは、私の名誉のためにも、慥かである。

干物になったニッコウサンショウウオたちは、南会津の檜枝岐から売りだされているが、これはもう完全な酒の肴であり、私の愛好物の一つである。ちっとも気持ち悪くなぞない。生と死とは、成る程、こんなところでも、ガラッとちがうものなのだろうか。

私の歳時記

一月　伊勢エビ

白い皿の上に伊勢エビが一尾のっかっている。その前面にはひだを深くしたビロードの布が両方からせまり、背後にはやはりビロードの布。そして照明がエビの赤にあつまっている。

二つに割れる以前のベルリンの、ある高級レストランの、それがいわばショウウィンドウだった。私はそれを見たわけではなくNの話の受けうりだが、高級の象徴そのものでもあるかのようなその伊勢エビは、いかにも豪華に私には思えた。

新年の蓬莱台《ほうらい》などの伊勢エビは形も色も装飾として申し分ないが、私は食べることを連想してしまう。塩ユデのエビの甲羅《こうら》をはずしてマヨネーズなどをたっぷりかけた代物だが私はあれは苦手である。ベルリンのショウウィンドウにあった伊勢エビはどんな風に料理して食べるのか私は知らないが、生では食べないだろうことはほぼ明瞭である。

ところで塩ゆでマヨネーズは私も食べるには食べるが、生の刺身に比べるとあんまり味に落差があるので、近頃は憂鬱な気持ちで箸をとるのが慣《ならわ》しになった。華やかな結婚式場なんかでも。

蓬萊台なんかの伊勢エビは、それは元来の思い付きもいいし見事だが、あの朱の色は死んでいる。生きた代物と並べたらどんなに色彩が見劣りするかがよくわかる。

蝦茶《えびちゃ》色という名称は、ゆでたエビではなく生きてるエビからとったのにちがいない。生きてる色は新鮮で深い。

伊勢エビの全き髭もめでたけれ　蒼梧

せめて元日ぐらいはゆでたのではない生のエビを床の間にかざりたい気がする。

二月　蕗の薹

きのう所沢の花屋で猫柳を五束買った。それをかついで寿司屋で一杯やり、酒屋によって三種類の味噌をもらって帰った。

このところ二、三年続けて年末から年初にかけて、それから続いて二、三月末まで私は黒い花びんに猫柳をゴッテリ生けるくせがついている。この花びんにはアクセサリーのようなものはなんにも入れない。百本ほどの猫柳だけである。

猫柳は私にとって、いささか少年時の郷愁につながる。冬のたんぼを流れている小川のへりによく猫柳は咲いていたが、小川には厚氷や薄氷がはりつめていた。陽に光って水の流れがよく見えるときはへりのほうに薄氷がへばりついていた。

猫柳からはまた蕗の薹がおのずから連想される。猫柳が咲いている土手の班雪《はだれ》がだんだんとけてくるころ、その同じ土手に蕗の薹がふっくらひらいてくる。

先青く元くれなゐや蕗の薹　たかし

そのふっくらの先のほうの緑は Powder green で根元に近いほうは紅に近い。少女の霜焼けの頰を思わせる、寒気との闘いから生れた二月の色である。

ユキノシタの苦さとはまたちがった風味ある苦さで、季節ものとして誠にすてがたい。私は日本酒の肴に、蕗の薹の三つ四つを小擂鉢《こすりばち》ですり、味噌、砂糖そして少量の味醂でまぶして食べる。または焼いてちぎって食べたりする。サラダオイルやオリーヴ油などでいためるのもいい。いずれにしろあの独特の苦さが味の中心であることにまちがいはない。

三月　峠の茶屋

伊豆スカイラインをドライブして、天城の南麓の冷川という部落にはいった時、ぐるぐる回ってる水車が目についた。いまどき珍しいナと思いながら通りすぎると、日本一と書かれた上に桃の絵のついているノボリが目にはいった。峠の茶屋という木の看板も目にはいった。クルマはとうにそこを通りすぎていたが、私は運転してる友だちにバックしてもらった。

道路の上の勾配に建っている茶屋の障子に早春の陽がふりそそいでいた。その明るい障子に墨で「只今は夜訇いはありません」と書かれていた。おかしなことが書いてあるな、と思った。

なかにはいると囲炉裏には薪が燃えていてガランとした古びた建物である。私たちはとろろソバと田楽と甘酒をたのんだ。それができるまでの少時を私たちは部屋のなかを歩いたのだが、明治の絵入り新聞がやたらにはってあったり、大鋸や砂時計や手製の栗の大机が並んでいたり……の奇妙な部屋だった。囲炉裏ばたで食べはじめると、四十がらみの童顔のおやじは、きいたわけでもないのに冷川部落の夜訇いについてトウトウと語りだした。そのとき、うしろのガラス窓に影が動きキキという音がした。あけると野猿の群れである。総じて大きくはないのが二十匹以上もいる。キャラメルをやると部屋のなかまではいってくる。

「向うには雉がいます」とあるじは言う。見るとなるほど背戸の丘の金網のなかに、これも二十数羽ほどの雉たちがいる。玄関には、さっきはいるときに日本犬がいた。それで私たちは「日本一」のノボリの意味がわかった。あるじは桃太郎のつもりらしい。この中年の桃太郎から私は四十九センチの大ローソクを二本ゆずってもらって下田に向った。

四月　桜

若いころは、ことしもまたさくらが咲いたナぐらいにしか思わなかったが、年をとるにしたがってその美しさにひかれるようになった。といって花見に出かけようなどと思ったことはない。そのいやらしさがだいたい見当つくからである。けれども毎年決まって千鳥ヶ淵から竹橋にかけての夜桜だけはどうやらかかさずに見ている。それも実はクルマで通るだけなんだが。あの界隈は夜桜を見ている人も見かけないし、さっぱりしていていい。

ところで東京のさくらは八〇％までは染井吉野のようだが、私はあまり好かない。あれなら、むしろ梨や林檎の花がこのましい。はなはだやぼったいようだが私は牡丹桜とか山桜とかひどい古木の滝桜などを好む。牡丹桜はふるさとの生家の庭にあった古木。そのぼってりした万朶《ばんだ》の妖艶。滝桜はずっと昔の祇園、与謝野晶子の、

清水へ祇園をよぎるさくら月夜今宵あふ人みな美しき

山桜は、旅先でみた山々のそれ。一番近い時では蓼科でみたそれ。

蕗の葉に煮〆配りて山桜　一茶

一茶はおそらく蓼科と地つづきの同じ信州で山桜を見ながら煮しめと酒のささやかな宴をはったのだろうが、私はただぶらんぶらん歩きながら三分咲き七分咲きを見ただけである。日光や土質によるのだろう。日当りのいい勾配のは七分咲きだった。

染井吉野を悪くいったが、小岩井農場のホルスタイン牛舎の前の染井吉野はみごとだ

った。それは春の雪のように舞っていた。日本では花の王になっているが、王にも環境が一応も二応もひびくものらしい。

五月　藤の花

自分の生家の裏には真竹のかなり大きな竹やぶがあり椎の古木がぬきんでていた。古木のまんなかほどにホラ穴があって、そこを巣にしていたフクロウが夜になると鳴いた。ホラ穴のない一つの椎の大きいのが竹やぶの南のはじっぽにあったが、それには大蛇のような藤の古木がそのてっぺんまでからみついていた。五月になると紫の房をいちめんに垂れた。野藤とか山藤とか呼ぶたぐいの藤である。

戦後南京を引きあげてきた私はしばらくの間十九人の一族と共にその家に住んでいたが、そのころわが村の村歌というのをつくった。作曲はいまは亡い深井史郎。その第一節は次のようにはじまる。

阿武隈山脈南方に
花崗《みかげ》二箭《ふたつや》そびえたつ
ああ　楕円の起伏

山女魚や藤やひよどりの
美しき村よ　小川

自分の生れた村の歌だから私自身はかまわないが深井君も無償で作曲してくれた。村歌などというのはあんまりないと思うが、当時校歌のなかった小学生や中学生は校歌がわりにこの村歌をうたった。その後この小さな部落は町になりいまは「いわき」市の一部になった。五月、背戸の山径などを歩くと、よく藤の花房のこんもりした妖艶にであった。

ことしの五月半ばに、用事で私は神戸にゆく。そのかえりにもしもまだ散り果てていなければ奈良飛火野の藤を見たいと思っている。

山宿や藤のこぼるる裏庇《ひさし》　素十

六月　桜鯎

いま私の家の池に一尾の草魚と一尾の鯎《うぐい》がいる。鰱魚《れんぎょ》は絶えてしまったが草魚と鯎が不思議と一尾ずつ生き残って鯉たちにまじって元気に泳いでいる。

三センチほどだった草魚はいまは十五センチほどになり、おかしいことには草魚も鯎も鯉と同じエサにくいついたりする。もともとは草をたべて育つから草魚なのだが、草をたべてるところを、ついこの間まで見たことがなかった。しかし、その後草魚は五センチほどの草を、スルスルとゆっくりのんでもう再びは吐きださなかった。

この草魚と鯎はメスなのかオスなのかわからない。けれども鯎のほうは、もう間もなく、五月末ごろから六月初旬ごろになればハッキリするはずである。つまりサカリの時期になるとオスの腹にはタテに一線紅色がひかれる。色にでにけりわが恋は……とでもいうように八重桜色の美しい線がにじみでてくる。これを桜鯎《さくらうぐい》というのだそうである。私はいまこの一文を阿武隈山脈のなかの天山文庫で書いているが、この辺では桜鯎を赤腹とよぶ。またこの山続きの隣村の、自分が生れた部落でもやはり赤腹とよんでいる。私は子供のころ、鯎とは赤腹のことだと思いこんでた。女性を無視してたことになる。

いま泳いでる池の鯎が桜色をにじませるかどうか、それはまだわからない。桜色になってもその相棒のいないのは気の毒だし、いまの一尾がメスであれば桜色の相棒がいないのが、やはり同じく気の毒というほかはない。丁度そのころは鯉の産卵の時期でもある。鯉たちが大きなずうたいをして追いかけまわし、疲れ切りながらも勢いづいて産卵するそのありさまを、一尾の鯎はどんな気持ちでながめるのだろうか。

七月　虹

富士山の「大沢くずれ」が国会で問題になっていることなどは知らなかったが、ある新聞のニュース写真の解説をよんで初めてそのことを知った。私はそのシャシンをいいと思った。人間のおせっかいなどを拒否する美がそこにはある。（このことについては、いずれ私は詩で抗議しようと思っている。）私は参考のために参議院での質議応答を見たいと思ってS君のウチを訪ね古新聞を見せてもらった。そのとき干天続きのはての、その日二度目の雨がきた。一種の日なた雨である。用事もすんで縁側で私はビールのカップをもっていたが、フト見上げた天に大きな虹がかかっていた。「アッ虹！」と思わず声が出て庭にたつと、も一つ幾分うすい虹がその外側に並んで大きな円を描いている。S君もお母さんも縁側から顔を突きだして感嘆した。私はウチの連中にも見せたいと思い、急いでビールを干して辞したが、帰途に会ったある主婦に「虹がでてますよ」と言った。いままでは目礼だけしかしたことのないその主婦に、言わば虹が話しかけた。なんとなくくすぐったい思いをしながらウチに着くと、外から私は、虹が出てるぞう、と大声でどなった。隣の家の二階の窓からもH君夫妻の顔がでた。

虹は自然科学の範疇に属することであろう。それを言葉で表現したいという意識が生れた瞬間から詩の世界にはいってくる。その中間には美的な存在があるだけである。そんな無理なこじつけを考えていたとき、そうだ、オレにもへたくそな俳句があったな、と思いだした。

おほい也唐津松原虹たちぬ　　心平

その時の虹は、きょうのように二つではなかった。私に「三つの虹」という童話集があるが、三つの虹を実は私はまだ見たことがない。童話的ファンタジーとして許されるか。

八月　ホテイアオイ

玄という甲州犬がきょう子犬を生んだ。すると反射的に死んだクロを思いだした。クロは私の犬ではなかったが買い出しにでた私について行ったとき自動車にはねられて即死した。この犬は雑種だったがまっ黒い毛がふさふさしている利口な犬だった。私の池の端にジッとして小半時間も池の魚をみていることがよくあった。それはそれでよかったがクロは変なくせをもっていた。池のホテイアオイをくわえて庭にほうり投げるのである。朝、魚にエサをやるとき、何度もその投げられたのに気がついて池にもどしていたが、そのイタズラが何者の仕業かわからなかった。あとで気がついたことだがクロは夕方から夜にかけてそれをやるのである。どういう心理か、こっちには解せない。そのうち死んだ。

クロにいためつけられたホテイアオイは、こんどは鯉たちのエジキになった。ホテイアオイの毛根が好きなのである。草魚に限らず鯉たちも、そうしたたぐいを好きなので、ウチでは白菜とかキャベツとかを時々与えているが、野菜などよりはどうやら毛根のほうが好きなようだ。杉菜も大好物である。

いためつけられた可憐なホテイアオイたちは、淡紫の花もつけず愛嬌のある布袋《ほてい》のような緑の茎も色あせて、どれもこれもみじめな姿になってしまった。

布袋草美ししばし舟とめよ　風生

一度だけこの句のような実感をもったことがある。南京の玄武湖でだった。淡紫に咲きほこっているその群落を陳栄慶と私の乗ってる小舟はかきわけていったが、それは一九四五年の八月二十四、五日のことであった。終戦まもなくの時期である。舟を止めさしてながめる風流さは、私の内部にはミジンもなかった。いまもウチの池には浮いていない。ユーモラスで可憐だが、どうやら私には縁がうすい花のようだ。

九月　鰍

湯ヶ島での十日間、宿屋にこもりきりだったが、一日だけ文房具屋へ出かけていった。そこは雑貨類も売っている小さな店だったが、ふと見つけた簎《やす》を買った。

「なにをサスんですか」ときくと鮎やうぐいだということだった。「あの川に鰍はいませんか」ときくとカジカもいるということだった。

私が泊ってた白壁荘というのには十二メートルほどのプールがあって、夜ふけにはだれも泳いでいないので私は生れてはじめて、それこそ全裸で泳いだりした。そのプールの真横を狩野川が泡だち流れている。ひる間はゴロゴロ石の川原に鮎つりの人のサオがならんだり、ガラス箱で川底をのぞいてる人などがいた。

ところで鮎は食膳にのぼったりうぐいは旅館の池に泳いでいたりして、まあ一応はなじみがあるが鰍は遠い思い出になってしまった。

数年前、信州千曲川のほとりの海の口で思いがけなく鰍のうま煮をたべたことがある。その時は思いがけないことにビックリして、「いつもこれがとれるんですか」と私はセッカチにききただした。大水が出て岸に集まってきたのをすくったのだということだった。

私は子供のころよくガラス箱でのぞきこんで鰍を簎で突き刺したり、また石にもぐったのを手づかみにしたものだ。川鯊《はぜ》といいたいほど鯊によく似ている。鯊はバカにされがちだが味はうまい。鰍もうまい。狩野川の絶湍を眼下にながめながら、鰍の様子を探りたいと思ってもみたが閑暇がなかった。

火にあててはりし尾鰭や串鰍　　誓郊

そんな情景は、もはやノスタルジー圏でしかお目にかかれなくなった。

十月　熟柿と鴉

里古りて柿の木持たぬ家もなし　　芭蕉

ペンと玄とを連れて散歩していたら原っぱに鴉が三羽あそんでいた。二匹が追いかけると三羽の鴉はとびたって遠くの雑木林のほうに消えていった。その時ふと、「里古りて」の句を思い出した。別に雑木林に柿の木があったわけではないのだが。

ひよどりと南天。鴉と熟柿。そんな語呂合わせのような文句もその時脳裏をかすめた。ひよどりと南天は師走の景物だろうが、熟柿に鴉はもうまもなく、田舎ではときたま見うける点景になる。そして私は黄ばんだ原っぱを散歩しながら「柿の木持たぬ家もなし」の生れ故郷の部落を思いだしてた。その部落のなかの私の生家には、種類のちがった大きな柿の古木が五本あった。

村人が稲刈りをしている田んぼをながめながら、柿の枝に馬乗りになってゴマのいっぱいな甘柿を皮ごとかじるのが小学生のころの自分の楽しみの一つだった。そんなとき間近の渋柿のてっぺん近くの枝に、鴉がとまってまっ赤に熟れた熟柿をつついていることがあった。ひと口くってはノドを動かしながら空をながめ、またうつむいてはあの太いクチバシでつつき、うまそうにノドを動かし……そんな動作をつづけている鴉をめがけて、私は馬乗りの姿勢のまま、もぎとった甘柿をそいつ目がけて投げつけたりした。すばやく飛びたった鴉は、どこかで時間をかせぎ、また熟柿の枝にもどってきた。

鴉は利口な鳥である。以前飼っていた鴉は特に利口で二つ三つ人間の言葉もつかった。私の右手のクルブシにちょっとしたキズあとがあるが、これは空《くう》と呼んでたその鴉のクチバシの跡である。

柿を木登りのままで食わなくなってから久しい。空がいなくなってからも久しい。

十一月　白　夜

濁《どぶ》醪《ろく》は沸き高嶺星青くなる　有風

濁酒（にごりざけ・だくしゅ）とも言うがいちばん通用しているどぶろくのほうが、音《おん》も実感的でいい。そしてそろそろどぶろくの季節がめぐってきた。
ところである山間の村で小さな異変がおこった。どぶろくが白夜《びゃくや》と名前がえされたのである。これには小生自身関係がある。

村で一番の大酒のみがいた。風格があって大酒のみというよりは酒豪という言葉のほうがぴったりするからだの大きな老人だった。私は村の禅坊主といっしょに老人のどぶろくを馳走になっていたが、老人はふとこんなことを言った。どぶろくでは税務署のほうにも具合がわるいし、なんとか別の名前を考えてはくれまいかということだった。私はどぶろくという名前がいいので現状維持説を固執したが、たってということなので一考の末白夜と名づけた。するとまた老人は自分の戒名をつけてくれというのである。いっしょにのんでた坊さんの、老人はその壇家のひとりなのだが、老人はどうしても私に

頼むというし、坊さんもすすめる。そこで私は

白夜院一骨大乗居士

という戒名をつくった。そして白紙に墨書した。老人も坊さんもいいといってほめてくれた。坊さんは指を何度も折りまげながら（字画を数えているのだろうか）これは禅宗の戒名にピッタリだといってくれた。

老人は立って仏壇にすすみ、鉦でその白紙をおさえてたらし、鉦をならし、自分の戒名に手をあわした。席にもどった老人は「ああ、これで安心、いつ死んでも安心」といって高く笑い、私たちにまたどぶろくをなみなみと注いだ。

十二月　師　走

ひるまの雪は鳥のにこげ

夜中の雪はガラスの粉

そんな季節がことしもめぐってきた。雪は子供の時から大好きで、変なものでいまになっても大好きである。いまは寒くってそんなまねはシャチコダチしてもできないが、雪が降ると赤ゲットをかぶって裸足で雪の上を駆けだしたくなる。そんな言わば雪への郷愁だ。

けれども郷愁などとは全く別なアンチ郷愁が私の心底には黒々とうずくまっている。よく人々は大正時代はいいとかのんきで楽しかったなどというが、大正の末期から昭和の初期にかけての時期は私には全くの暗黒時代、特に師走という年末の霙や雪や氷雨の時期は、人一倍雪などが好きなくせに耐えられなかった。ルンペン、屋台のやきとり屋など、放浪の時代である。夜逃げという言葉は江戸の落語でもおなじみな、ユーモアとペーソスの代名詞みたいになっているが、さすがの落語にも昼逃げという言葉はなかったようだ。あったかも知れないが私はきいたことがない。その昼逃げをやってのけたことがある。

テレビもジェットもなかった時代だから、のんきはのんきにちがいなかった。しかしそれはのんきな人たちがのんきなので、のんきでない連中は咽喉がつまって息をするのも難儀だった。

大晦日脳破れんとして一時打つ　　心平

結局助けになるのは時間だけで、一月元旦になれば、どこかの庭では羽つきの音がきこえたり、ポックリの明るい音もきこえたりした。

解説　腸《はらわた》のようなひと

高山なおみ

草野心平さんのことを私は何も知らない。今、生きていらっしゃる方なのか、すでに亡くなってしまっている方なのかも知らない。もちろんお名前は有名だから知っている。原っぱに寝そべって、うつろいゆく空の雲などぼんやり眺めているようなのんきな詩を書くおじさんなのかなと、お名前だけを見て長年そんなふうに思っていた。

年譜をひもとくと明治生まれ。一九八八年に八十五歳で亡くなっている。

関東大震災の知らせを広州へ旅立つ船上で聞いたのが二十歳のときだったというから、私の祖父よりもひとつお若い。宮沢賢治や萩原朔太郎、高村光太郎とも交遊があり、詩や小説、評論、評伝、随筆、紀行文のほかに、絵本や童話も書いていらっしゃる。

何も知らない私が解説文など書けるのだろうかと、少し弱気のまま『酒味酒菜』を読みはじめた。けれども最初の一編「贋紫式部」で、いきなりのど元をつかまれた。大酒飲みでグルメのインテリおじさんの小むずかしい話だったら困ってしまうなぁ……という心配も一気に吹き飛んだ。何しろ言葉が分かりやすい。

心平さん（急に親近感が湧いてきたので、そのように呼ばせていただきます）は川で岩魚をつかまえると、まずカミソリでお腹をさく。お腹から臓物を取り出したら、こんどはその臓物にカミソリをあてて開く。すると胃袋のなかから「川虫とかとんぼの眼玉とか、食べて間もない緑色のイモムシとか」が出てくる。それらをきれいに洗い、小さな串に刺して焼いて食べる。釣ったばかりの岩魚を塩焼きにしたのより、こっちの小串の方がよっぽど好きなのだそうだ。

読み進むうち少しずつ確かになってきたことは、心平さんは肉でも魚でも、身そのものより臓物の方が好きらしい。若いころには「火の車」という呑み屋を開き、豚の頭《かしら》の肉や焼き鳥を焼いて「鶏のとさかと臓物が、私のところの花形だった」。

いわゆる〝文学〟というものをやっている男のひとって、なんとなく私は胡散くさいような感じがしてしまう。目に見えないものを頭のなかでこねくりまわしているだけで、ごはんをあまり食べなさそう。そこへいくと、年がら年中貧乏で、食っていくために貸本屋をやったり、呑み屋をやったりしながら書きたいものを書いていた心平さんはなんだか信用ができそうだ。自分の食べるものは自分で料理するし、食べることにただならぬ執念を持っていらっしゃる。

「牛の舌」まで読み進んで、私は焼酎のロックをクイッとやりたくなった。ちょっと長めの引用になってしまうけれど、省けそうな箇所がどこにも見当たらないので、レシピ部分のすべてをここに載せてみる。

「先ず肉屋から舌を一本買ってくる。それを大鍋に入れて、舌が没するように水を入れて煮たてる。どの位煮るか。沸騰してから二十分ほどだろうか。舌の表皮のところどころが泡つぶのようにふくれあがる。火傷のときの水ぶくれのようなものである。そしたら鍋を火から離す。それからその水ぶくれの舌をザルに入れてさます。さましながらその表皮を全部指ではぎとる。はぎとったら今度は、カメでもセトヒキの容器でもなんでもいいから、二つ三つに大きく切ったのを入れる。これから味つけということになるが、夫々《それぞれ》勝手に自分の好みに応じてやるのが一番面白いのではないかと思う。私の場合の一つの試みを言えば、タンをつめたカメの中に醬油を入れる。味醂を入れる。胡椒を入れる。ちょっぴりの砂糖とちょっぴりの塩を入れる。味の素を入れる。香料を入れる。それだけである。つくってから四五時間でも食べられるし、四五日後なら猶更《なおさら》いい。食べるときはそのタンを薄切りにして洋ガラシをつけて食べる」

こんなに実感のこもった、肌に直に響いてくるようなレシピを私はこれまでに読んだことがない。あの、ちょっとグロテスクな牛タンの姿そっくりに、「どかん！」としたかたまりとなって具体的な作り方が体に入ってくる。牛タンもまた自分と同じく血が通った〝いきもの〟で、自分はそれをいちばんおいしく喰らうために料理している——ということを忘れないと決意したような正々堂々としたレシピ。しかも、耳にさわる言葉の流れが音楽のように心地いい。これこそがレシピのお手本だと思う。

さらに、「えびの尻っぽ」を読んでニヤッとなった。天ぷらのえびは私も必ず尻っぽまで「パリパリ」と嚙みしめて食べる。あの赤くて愛らしい香ばしい欠片が、お皿にちょこんと淋しげに残っているのを見るたび、どうしてみんなはあんなにおいしいところを食べないのだろうと、常々不思議に思っていたから。

「えびの天ぷらは、尻っぽがいちばんおいしいんだ」と教えてくれたのは、若いころ一緒にプールへ行ったりして遊んでいた男友だちだ。築地の魚市場にある活きたえびを扱う商店で働いていた彼は、普段から自炊をしていて詩を読むのも好きだったから、もしかすると尻っぽのことは心平さんの本で知ったのかもしれない。

さて、臓物好きというと、粗野で獰猛な男のひとのイメージが浮かぶかもしれないけれど、心平さんはどうやらかなりのロマンチストでもあるらしい。

「野バラの花はヤマアヤメの紫などと一緒にサンドウィッチにしてたべた」り、クチナシは毎年ウィスキーのつまみにし、「蕾がひらきかかったのや盛りの花をもぎとるのは少し気がひけるので、ひらききってわき見をしているような花びらをいくつかちぎって、ガラスの器に入れ、二杯酢にしてたべると、あの白いビロードの舌ざわりはいいし、ふくいくとした香りも鼻梁にはいってくる」。「茘枝」では「表皮をむくと、忽然現われたむき出しの乳房のように、その、僅かに青味を帯びた乳白半透明な美しい肉が現われた。（中略）私の舌は三十年も昔のこのライチーの味をはっきり記憶している。その記憶に狂いをきたさせないためにも、私はそれを直ぐには口に運ぶことをしなかった。眼と舌を、揃ってよろこばせる。このような高貴な果物が他にあろうとは私には思えない」なんて書いていらっしゃる。

「がん漬け」というのは、沢蟹を塩か何かで漬けた塩辛のようなものだろうか。奥武蔵の山寺に泊まった翌朝、心平さんはひとりで山道を下り、透んだ水が流れる沢で五十匹ばかり沢蟹をつかまえて帰ってきた。私は「竹寺のがん漬け」のこのフレーズがとても好き。心平さんは大酒飲みだけど、子どもの心を持ったやさしいひとなのだ。

「すぐそばのボールには沢蟹たちがアワビ貝の背中にのっかったり水のなかを横匐《よこば》いしたりしている。私は少しばかり予定がくるった。私は私なりのがん漬けをつくろうと思った。けれども数がすくないので、油でから揚げにして客にも出そうと思ったのである。けれども二日たち三日たちしている間にどうも油の中で真っ赤に硬直するのを見るのは困るようになってしまった。泥鰌《どじょう》の骨を煮たのを味つけしてわたすと、小さいはさみでつかんで口にもっていく。どうもこうなると余計いけない。十日程前までは野良猫だったフウが、ボールをのぞきこんでは手でじゃれる。すると蟹たちは驚いてざわつく。こっちはついコツンとフウの額をやってしまう」

私は吃音持ちで、小学校の三年生くらいまで草花をむしって味見をしたり、鼻くそをほじってなめたり、落ちているおせんべいを拾って食べたり、消しゴムの匂いを嗅ぎながらかじったり、飼い猫の口をこじ開けて舌を入れたり猫の足の裏をしゃぶったり、何でも口に入れて味を確かめないと気がすまない口汚い子どもだった。カタバミは、茶色がかった茎のところが酸味が強くいちばんおいしいとか、メロンと味の素と玉露（うちの実家は静岡なので、いただきもののお茶がよくあった）にはよく似た味が混じっているなどを、自分なりに確かめていた。だから、この本を読んでいるうちになんとなく心平さんのことがおじいちゃんのように思えてきた。子ども時代にこんなおじいちゃんが近くにいたら、私はちょくちょく遊びにいって、密かに心を交わし合えたのじゃないかという気がしてくる。

料理の仕事をしていて思うのだけど、料理というのはことさらに、作るひとの好みや生き方がよく表れるものだと思う。私は何をするにも不器用で、人づき合いも不得意なでこぼこした性格だから、自分と姿がよく似ているひねこびたようなじゃがいもや、ひん曲がった形のきゅうりをおいしそうだと思う。盛りつけもちっとも洗練されていなくて、お皿からはみ出さんばかり。

心平さんが料理をなさる仕草を見てみたかったな。魚をさばく指先は、機械いじりが好きな男のひとが工具を触る手つきそっくりに、柔らかだったのではないだろうか。凝縮された旨みとデリケートな舌触り、たべものの本質のような臓物は新鮮さが命だから、これほど清らかなものはない。それを恐るることなく舌の上で転がし、無邪気に味わい歓ぶ心平さんは、腸そのもののようなひとだったんじゃないか。

「酒菜のうた」の章には、心平さん独自の工夫が光る渋好みのつまみがいくつも出てくる。簡単で、気が利いていて、すぐに真似をしたくなるものばかり。きっと「火の車」でお客さんたちに出していたメニューなのだろう。なかからいかにもお酒がすすみそうなレシピをふたつばかし引用し、『酒味酒菜』の「解説」らしからぬ私の感想文をここらで締めようと思う。

「たら子はなるたけ色の赤っぽくないのがいい。それを皮をむいちゃって味醂と醤油を入れてかきまぜる。あんまりかたくなく、あんまり水っぽくなく、トロトロッとした感じののばし方をする」

「にんにくを薄切りに切って、牛鍋にオリーブ油をひいて、その上に並べて、次々と両面キツネ色に焦げたのを食卓塩をちょっぴりつけてたべる。これは独酌のとき、自分でいためながら、熱いやつを杯のあいまにたべると具合がいい。ちょうどポテトチップスのあの感じだった。そして味はチップスなんかそばにも寄れない」

（たかやま・なおみ　料理家、文筆家）

編集付記

一、本書は、『酒味酒菜』（一九七七年、ゆまにて出版刊）を底本とした。底本中、明かな誤植と思われる箇所は訂正し、難読と思われる文字にはルビを付した。本文中に内容の重複が見られる部分があるが、底本に従った。

一、本文中に今日からみれば不適切と思われる表現もあるが、作品の時代背景および著者が故人であることを考慮し、底本のままとした。

中公文庫

酒《しゅ》味《み》酒《しゅ》菜《さい》

2017年11月25日　初版発行

著　者　草《くさ》野《の》 心《しん》平《ぺい》

発行者　大橋 善光

発行所　中央公論新社
〒100-8152　東京都千代田区大手町1-7-1
電話　販売 03-5299-1730　編集 03-5299-1890
URL http://www.chuko.co.jp/

DTP　ハンズ・ミケ
印　刷　三晃印刷
製　本　小泉製本

Printed in Japan　ISBN978-4-12-206480-5 C1195

各書目の下段の数字はISBNコードです。978-4-12が省略してあります。

中公文庫既刊より

き-47-1
キムラ食堂のメニュー
木村衣有子《ゆうこ》
各地の飲食店主や職人の取材を続けるかたわら、お酒のミニコミを発行してきた著者。さまざまな食べもの・飲みものとの出合いを綴る、おいしいエッセイ。
206472-0

む-27-1
台所重宝記
村井弦斎
村井米子編訳
食材選びに料理のコツから衛生まで、明治期のベストセラー小説『食道楽』の情報部分を抽出、現代にも役立つ〈実用書の元祖〉。一年三六五日分の料理暦付。
206447-8

あ-67-1
おばあちゃんの台所修業
阿部なを
自然の恵みの中で生きることを大切に――。料理の基本から、おかみとしての人生まで。明治生まれの料理家が語る、素朴に食べること、生きること。〈解説〉岸　朝子
205321-2

た-34-5
檀流クッキング
檀一雄
この地上で、私は買い出しほど好きな仕事はない――という著者は、人も知る文壇随一の名コック。世界中の材料を豪快に生かした傑作92種を紹介する。
204094-6

た-34-6
美味放浪記
檀一雄
著者は美味を求めて放浪し、その土地の人々の知恵と努力を食べる。私達の食生活がいかにひ弱でマンネリ化しているかを痛感せずにはおかぬ剛毅な書。
204356-5

た-34-7
わが百味真髄
檀一雄
四季三六五日、美味を求めて旅し、実践的料理学に生きた著者が、東西の味くらべはもちろん、その作法と奥義も公開する味覚百態。〈解説〉檀　太郎
204644-3

し-31-6
食味歳時記
獅子文六
ひと月ごとに旬の美味を取り上げ、その魅力を一年分綴る表題作ほか、ユーモアとエスプリを効かせた食談を収める、食いしん坊作家の名篇。〈解説〉遠藤哲夫
206248-1

各書目の下段の数字はISBNコードです。978 - 4 - 12が省略してあります。

よ-17-10
また酒中日記
吉行淳之介 編
銀座や赤坂、六本木で飲む仲間との語らい酒、先輩たちと飲む昔を懐かしむ酒——文人たちの酒にまつわる出来事や思いを綴った酒気漂う珠玉のエッセイ集。
204600-9

こ-30-3
酒肴奇譚《しゅこうきたん》 語部醸児之酒肴譚《かたりべじょうじのしゅこうたん》
小泉 武夫
酒の申し子「諸白醸児」を名乗る醸造学の第一人者で、東京農大の痛快教授が〝語部〟となって繰りひろげる酒にまつわる正真正銘の、とっておき珍談奇談。
202968-2

う-30-1
「酒」と作家たち
浦西和彦 編
『酒』誌に掲載された、川端康成、太宰治ら作家たちとの酒縁を綴った三十八本の名エッセイを収録。酌み交わし、飲み明かした昭和の作家たちの素顔。
205645-9

う-30-2
私の酒 『酒』と作家たちⅡ
浦西和彦 編
雑誌『酒』に寄せられた、作家による酒にまつわるエッセイ49本を収録。酒の上での失敗や酒友と過ごした時間、そして別れを綴る。〈解説〉浦西和彦
206316-7

た-22-2
料理歳時記
辰巳 浜子
いまや、まったく忘れられようとしている昔ながらの食べ物の知恵、お総菜のコツを四季折々約四百種の材料をあげながら述べた「おふくろの味」大全。
204093-9

き-7-5
春夏秋冬 料理王国
北大路魯山人
美味道楽七十年の体験から料理する心、味覚論語、食通閑談、世界食べ歩きなど魯山人が自ら料理哲学を語り、手掛けた唯一の作品。〈解説〉黒岩比佐子
205270-3

た-33-22
料理の四面体
玉村 豊男
英国式ローストビーフとアジの干物の共通点は？ 刺身もタコ酢もサラダである？ 火・水・空気・油の四要素から、全ての料理の基本を語り尽くした名著。〈解説〉日高良実
205283-3

お-2-10
ゴルフ酒旅
大岡 昇平
獅子文六、石原慎太郎ら文士とのゴルフ、一年におよぶ米欧旅行の見聞……。多忙な作家の執筆の合間には、いつも「ゴルフ、酒、旅」があった。〈解説〉宮田毬栄
206224-5